요한계시록이 말하는

지상 교회와 천상 교회

조직신학자의 눈으로 본 진품과 짝퉁 교회 이야기

요한계시록이 말하는
지상 교회와 천상 교회

발행	2024년 6월 12일
지은이	김영복
편집인	이은혜, 이대순
발행인	윤상문
디자인	박진경, 표소영
발행처	킹덤북스
등록	제2009-29호(2009년 10월 19일)
주소	경기도 용인시 기흥구 동백동 622-2
문의	전화 031-275-0196 팩스 031-275-0296

ISBN 979-11-5886-307-4   03230

Copyright ⓒ 2024 김영복
이 책은 저작권법에 따라 보호받는 저작물이므로 무단 전재와 복제를 금지하며,
이 책의 내용의 전부 또는 일부를 이용하려면 반드시 저작권자와 킹덤북스의
서면 동의를 받아야 합니다.

※ 잘못된 책은 구입한 곳에서 교환하여 드립니다.
※ 책 가격은 표지 뒷면에 있습니다.

 킹덤북스(Kingdom Books)는 문서 사역을 통해 하나님의 나라를 확장하고, 한국 교회와 세계 교회를 섬기고자 설립된 출판사입니다.

요한계시록이 말하는
지상 교회와 천상 교회

김영복 지음

조직신학자의 눈으로 본 진품과 짝퉁 교회 이야기

킹덤북스

추천의 글

주님이 귀히 쓰시는 김영복 목사님의 『요한계시록이 말하는 지상 교회와 천상 교회』 책 출판을 진심으로 축하드립니다. 탁월한 학자이자 신실한 목회자이신 저자는 교회론적 관점에서 놀랍게 요한계시록을 재해석하였습니다. "우리의 왜곡된 이성을 성화된 이성으로 변화시켜 달라는 겸손한 기도(오라티오)"를 통한 성령의 조명이 있어야만 올바른 성경 해석이 가능하며 또한 세상을 분별할 수 있다고 강조하고 있습니다. 교회의 본질을 상실한 시대에 이 책이 참신자와 거짓 신자를 구별하는 나침판 역할을 할 수 있기를 간절히 소망합니다.

유경동 총장(감리교신학대학교 총장)

**

요한계시록은 여러 가지 위험에 직면해 있는 소아시아 일곱 교회에게 보내진 서신으로 예수 그리스도와 교회의 승리를 알리는 위로와 소망의 메시지를 담고 있다. 비유와 상징적인 표현이 많아 친숙하지 않은 성경이지만 탁월한 학자요 목회자인 저자는 교회론의 관점에서 간결하면서도 명료하게 요한계시록을 잘 설명한다. 주님의 교회를 사랑하여 헌신하는 모든 그리스도인들에게 일독을 권하고 싶다.

이영훈 목사(여의도순복음교회 담임목사)

**

　탁월한 강의로 학생들의 마음을 홀렸던 김영복 박사가 학교에서 목회 현장으로 넘어왔다. "과연 그가 목회도 잘할 수 있을까" 의문을 갖고 지켜보았는데, 깜짝 놀랄 만큼 잘하고 있다. 물론 타고난 열정과 노력 때문이기도 하지만, 그것만으로는 설명할 수 없는 그만의 뭔가가 있어 보였다. 그 궁금증을 풀어준 책이 바로 『요한계시록이 말하는 지상 교회와 천상 교회』이다. 그는 '그림자'에 불과한 지상 교회를 잘 세워가기 위해서, '실체'인 천상 교회를 끊임없이 주목했던 거다. 그의 혜안이 빛난다. 평범한 선배 목회자로서 솔직히 그에게 한없는 질투를 느낀다.

방원철 목사(하늘가족교회 담임목사)

**

　그동안 요한계시록은 종말론적 관점에서 해석되었다. 그러나 김영복 박사는 탁월한 신학적 통찰력과 목회적 영성으로 교회론적 관점에서 요한계시록을 새롭게 재해석하였다. 이 책은 요한계시록 이해의 새 지평을 열어주는 걸작이다. 마지막 시대를 살아가는 모든 목회자들과 성도들에게 꼭 일독을 권하고 싶다.

김완중 목사(수지목양교회 담임목사)

**

교회가 정체성을 잃어가고 있다. 그래서 방향을 잃기도 하고 명확한 사명이 흐려지기도 한다. 이러한 시기에 발간된 이 책은 현대 교회의 방향성과 사명을 뚜렷이 하는데 큰 도움이 된다. 대부분의 목회자들이 요한계시록에 거리를 두는 경향이 있다. 이해하기 어렵기 때문이다. 그런데 저자는 조직신학자의 눈으로 본 요한계시록을 통하여 지상 교회와 천상 교회의 교회론을 아주 뛰어나게 추출해 내었다. 지금까지 요한계시록과 거리를 두었던 목회자들에게 접근하기 좋은 가이드라인을 만나게 되었다. 하늘과 땅을 잇는 교회를 세워가고 싶은 목회자들에게 강력하게 추천한다.

곽주환 목사(베다니교회 담임목사)

**

이 책은 조직신학자이며 현장 목회자의 관점에서 많은 사람들이 가장 난해하게 여기는 요한계시록을 쉽게 접근하여 하나님의 깊은 섭리를 깨달아 알 수 있도록 인도하는 세르파와 같은 역작이다. 특히 읽으면 읽을수록 참교회, 참신앙이 무엇인지를 분별하게 하여 짝퉁이 난무하는 시대에 참진리의 길을 치우침 없이 걷게 하는 천국 가이드북이다.

이현식 목사(진관교회 담임목사)

**

부흥의 시대가 끝난 듯 위기감을 느끼는 한국 교회에 요한계시록의 교회론을 다룬 저자는 목회 현장에서 경험한 영적 통찰력으로 지상에 있는 소아시아 일곱 교회와 승리한 천상의 교회를 논증적으로 명료하게 조명하여 종말을 사는 그리스도인이 어떻게 하면 이 땅에서 주님의 참제자로 거룩한 삶을 살 것인가를 실천적으로 다루고 있다. 종말 의식이 점점 사라져 가고 무디어 가는 우리 시대에 교훈적인 책으로 큰 울림을 줄 것이라 사료되어 적극 추천한다.

김형준 목사(동안교회 담임목사)

**

요한계시록은 전투하는 지상 교회와 승리한 천상 교회를 향한 주님의 애정 어린 영적 메시지다. 학자요 목회자인 저자는 간결성과 명료성에 기반한 충실한 본문 해석, 역사적 배경 설명, 적실한 시대적 적용성과 교훈성을 담은 영적이고 목양적 메시지가 듬뿍 담긴 계시록의 걸작을 내놓았다.

이병철 목사(주항교회 담임목사)

**

코로나 펜데믹 이후 한국 교회는 정체성 위기에 빠져 있다. 무엇보다 교회론의 본질을 잃어가고 있다. 이러한 시대적 정황에서 본서는 요한계시록에서 말하는 교회론을 심도 있게 다루고 있다. 특히 저자는 소아시아 일곱 교회를 다룰 뿐 아니라 천상의 승리한 교회와의 상관성을 논증적으로 잘 해석하고 있다. 교회의 정체성을 상실한 한국 교회에 큰 도전을 줄 것이라 확신한다.

박춘광 목사(동탄지구촌교회 담임목사)

**

하나님께서는 이 땅에 교회를 세우셔서 영혼을 구원하고 주님의 제자를 삼는 영광스러운 사명을 주셨습니다. 교회는 하나님의 비전이 담긴 공동체입니다. 그런데 세상의 자본주의와 세속화로 인한 영향과 성경과 종말론을 왜곡하여 교회의 정체성을 흔드는 공격으로 인해 교회의 본질이 흔들리며, '복음'의 야성을 잃어가고 있습니다. 특히 요한계시록을 악용하여 성도들을 미혹하고 교회를 무너뜨리려는 이단의 세력은 더 커지고 있습니다. 이 책은 요한계시록을 목회자들뿐만 아니라 평신도 모두에게 도움이 되도록 분문을 잘 안내하고 있으며, 이단 사이비로부터 신앙을 지킬 수 있도록 해설하고 있습니다. 그뿐만 아니라 주님께서 교회에 전하고자 하신, 교회를 통해 이루고자 하신 생명의 메시지를 전함으로 이 시대 속에 교회가 복음의 야성과 정체성을 회복하여 세상을 변화시키는 주체가 되도록 풀어내고 있습니다. 그렇기 때문에 『요한계시록이 말하는 지상 교회와 천상 교회』는 교회와 성도가 하나님의 말씀을 구체적으로 해석하고, 붙잡고, 마침내 승리하게 하기 위한 탄탄한 기초가 될 것입니다. 이 책을 통하여 교회와 성도들이 말씀을 붙들고 하나님 나라의 놀라운 비전을 펼쳐나가기를 간절히 소망하며 마음 다해 추천합니다.

황덕영 목사(새중앙교회 담임목사)

들어가는 말

코로나 펜데믹 이후, 한국 교회는 지금 두 가지 큰 위기에 봉착해 있다. 하나는 정체성의 위기이다. 수많은 사이비 이단 종교 단체들의 공격과 급격한 세속화의 물결 속에서 교회는 교회다움의 정체성을 잃어가고 있다. 또 하나는 상관성의 위기이다. 교회가 세상 속에서 세상을 변화시켜 나가는 역사 변혁의 주체로 서야 하는데, 그 영적 동력을 상실해 가고 있다. 어떻게 이 위기를 극복할 것인가? 경전으로 돌아가야 한다. 말씀을 바르게 해석하고, 해석된 말씀을 바르게 실천하는 영적 운동이 그 어느 때보다도 절실히 필요한 때이다.

기독교의 경전인 요한계시록은 이미 사이비 이단 종교 단체들이 가장 많이 사용하는 교과서가 된지 오래이다. 요한계시록만큼 사이비 이단 단체들에 의해서 심각하게 왜곡된 말씀의 책도 없을 것이다. 그리고 안타깝게도 한국 교회 안에서 요한계시록만큼 적게 선포된 말씀도 없을 것이다. 필자 역시 요한계시록에 대하여 눈을 뜨기 전까지 그래왔다. 새벽에 요한계시록을 성도들과 함께 성독(Lectio Divina)하면서, 그리고 감리교신학대학교에서 '정통과 이단' 수업을 강의하면서 요한계시록에 대한 새로운 눈을 뜨게 되었다.

현장에서 사역하면서 가장 큰 어려움은 역시 각종 사이비 이단 종교 단체들의 공격과 미혹으로부터 성도들을 지키는 일이다. 신천지 같은 이단 종교 단체들은 기성교회를 추수 밭으로 상정하고 모략 교리(거짓 포교 교리)를 통해서 무섭게 교회를 무너뜨리고 성도들의 영혼을 빼앗아 가고 있다.

언제나 우리는 하나님의 말씀 앞에 겸손해야 한다. 요한계시록뿐만 아니라 하나님의 모든 말씀을 유한한 인간인 우리가 모두 완벽하게 이해하는 일은 결코 쉬운 일이 아니다. 그래서 루터의 주장처럼, 언제나 말씀 앞에서는 먼저 오라티오(Oratio)가 있어야 한다. 말씀을 연구하기 전에, 언제나 성령의 조명을 통해 우리의 왜곡된 이성을 성화된 이성으로 변화시켜 달라는 겸손한 기도(오라티오)가 있어야 한다. 그 기도의 과정을 통해서 비로소 성령으로 감동된 하나님의 말씀이, 성령으로 성화된 우리의 이성을 통해서 해석되고 연구될 수 있는 것이다. 루터는 이것을 메디타티오(Meditatio)라고 말했다. 성화된 이성을 가지고 신학적으로 철저히 하나님의 말씀을 주석하고 연구하는 신학적 과정이 바로 '메디타티오'이다. 이 '메디타티오'를 통해서 발견된 하나님의 뜻을 우리의 삶 속에서 구체적으로 실천하며 사는 일이 바로 '텐타티오'(Tentatio)이다. 오라티오, 메디타티오, 텐타티오는 모든 신학도들과 목회자들, 그리고 하나님의 뜻 가운데 살고자 몸부림치는 모든 그리스도인들의 삶의 모습이어야 한다.

본 글은 부족한 사람의 목회적·신학적 과정에서 얻은 작은 결실이다. 요한계시록에 대한 해석은 다양한 관점에서 진행될 수 있다. 필자는 조직신학자의 관점에서 요한계시록을 해석하였다. 필자가 요한계시록에서 발견한 일관된 영적/신학적 주제는 바로 '교회'였다. 주님의 피로 값 주고 사신 주님의 교회가 바로 요한계시록의 핵심적 메시지였다. 교회론(천상 교회와 지상 교회)에 대한 이해없이는 누구도 요한계시록을 통해서 주님께서 전하고자 하신 생명의 메시지를 바르게 이해하기 어려울 것이다.

본래 이 작은 글은 국민일보에서 "요한계시록으로 보는 진품 신앙과 짝퉁 신앙-요한계시록의 교회론"이란 주제를 가지고 시리즈로 연재했던 원고를 기초로 시작되었다. 그 이후 기독교 대한 감리회 서울연회 목회자포럼에서 목회자들을 대상으로 8번의 특강을 통해서 수정 보완하여 작성된 것이다. 화폐전문가 배원준씨는 그의 『위조지폐 감별이야기』에서 이렇게 말한다. "위조지폐를 감별하는 가장 좋은 방법은 진짜 지폐에 익숙해지는 것이다." 그렇다. 진품을 정확히 모르기 때문에 수많은 짝퉁에 속는 것이다. 한국교회가 진품을 더욱 사랑하고 진품을 더욱 가까이해서, 교회를 무너뜨리고 성도들을 미혹케 하는 수많은 짝퉁으로부터 자유로워지길 바란다. 아무쪼록 이 작은 책이 요한계시록을 이해하고자 하는 이들에게 작은 지침서가 되길 소망한다.

끝으로 이 책이 나오기까지 수고와 사랑을 아끼지 않은 모든 분들께 감사의 마음을 전하고 싶다. 바쁘신 중에도 원고를 읽고 귀한 추천서를 써주신 유경동 총장님, 이영훈 목사님, 방원철 목사님, 김완중 목사님, 곽주환 목사님, 이현식 목사님, 김형준 목사님, 황덕영 목사님, 이병철 목사님, 박춘광 목사님께 진심으로 감사의 마음을 전하고 싶습니다. 기쁜 마음으로 출판을 해주신 킹덤북스(Kingdom Books) 윤상문 대표님과 직원들께도 진심으로 감사의 마음을 전합니다. 또한 일일이 원고를 수정해준 갈릴리교회 양미진 권사님과 문서 사역을 위해서 물질로 헌신해주신

김미란 권사님, 날마다 기도와 사랑으로 함께 하는 갈릴리교회 장로님들과 모든 교우님들에게 감사의 마음을 전합니다. 그리고 언제나 헌신적인 사랑으로 함께하는 아내(양혜은)와 하나님이 주신 최고의 선물, 두 딸들(김유정, 김유리)에게 감사와 사랑의 마음을 전합니다.

오직 하나님의 영광을 위하여

2024년 계절의 여왕 5월 어느 날
북한산 밑자락에서
김영복

Contents

추천의 글 • 4
들어가는 말 • 10

1부 요한계시록의 교회론

1. 왜 요한계시록인가? — 18
2. 왜 조직신학자의 눈인가? — 23
3. 요한계시록의 수신자는? — 28
4. 요한계시록의 영적 주제는 무엇인가? — 32
5. 요한계시록의 교회론적 구조는? — 44

2부 일곱 교회를 향한 일곱 메시지(1-3장)

1. 일곱 교회 메시지를 통해 본 진품과 짝퉁 — 50
2. 일곱 교회 메시지의 구조적 분석 — 68

3부 천상 교회와 어린 양(4-5장)

천상 교회와 어린 양(4-5장) — 75

4부 세 가지 심판과 교회의 영적 전쟁(6-16장)

1. 요한계시록의 시제 — 86
2. 일곱 인 심판(6:1-8:5) — 90
3. 일곱 나팔 심판(8:6-11:19) — 104
4. 교회의 영적 전쟁(12-14장) — 120
5. 금 대접 재앙(15-16장) — 133

요한계시록이 말하는
지상 교회와 천상 교회

5부 **바벨론의 멸망과 천상 교회의 승리 찬양(17-19장)**

1. 사탄의 지상 교회 공격 — 142
2. 지상 교회의 승리 메시지 — 146
3. 음녀 바벨론의 멸망 — 148
4. 천상 교회의 노래와 백마를 탄 자 — 156

6부 **'천 년'과 천년 왕국론(20장)**

1. '천 년'이란 숫자의 의미 — 164
2. 천년 왕국에 대한 다양한 주장들 — 169

7부 **새 창조와 교회의 완성(21-22장)**

1. 새 창조: 창조의 완성 — 186
2. 교회의 완성: 지상 교회와 천상 교회의 완전한 연합 — 192

8부 **목회적 적용과 실천 과제**

1. 철저한 교회관 — 200
2. 희망적 종말관 — 203
3. 선명한 인생관 — 205
4. 분명한 내세관 — 207
5. 절박한 선교관 — 209
6. 진품 감별력 — 211

참고 문헌 • 213

1부

요한계시록의 교회론

01 왜 요한계시록인가?

우리가 요한계시록을 연구해야 하는 첫 번째 이유는 요한계시록의 중요성 때문이다. 요한계시록은 한마디로 예수 그리스도의 복음이다. 우리는 흔히들 복음서를 마태복음, 마가복음, 누가복음, 요한복음으로만 여겨왔다. 그러나 요한계시록 역시 예수 그리스도의 말씀을 기록한 복음서이다. 4복음서가 예수 그리스도의 지상에서의 삶과 사역을 기록한 말씀이라면, 요한계시록은 예수 그리스도가 승천하신 이후 요한을 통해서 지상 교회에 계시하여 주신 생명의 말씀이다. 여기서 '계시'란 헬라어 '아포칼립시스'(ἀποκάλυψις)에서 온 말이다. 감추어져 있는 것이 '드러남' 혹은 '나타남'을 의미한다. 마가복음은 복음서의 문을 열면서 "하나님의 아들 예수 그리스도의 복음의 시작이라"(막 1:1)라고 제시한다. 요한계시록 역시 그 첫 문을 열면서 "예수 그리스도의 계시라...."(계 1:1)로 시작한다.[1] 예수 그리스도의 삶의 자리(지상과 천상)의 차이가 있을 뿐 마가복음과 요한계시록은 모두 예수 그리스도의 말씀을 기록하고 있다.

요한계시록은 신약 성서 안에 기록된 사도 바울의 서신들과는 분명히 그 영적 궤를 달리하고 있다. 바울 서신들은 사도 바울의 생애와 메시지들을 기록하고 있는 반면에, 4복음서와 요한계시록은 예수 그리스도의 지상에서의 삶과 사역, 그리고 승천하신 이후 지상 교회를 향한 계시의 말씀을 기록하고 있다. 이런 관점에서 본다면, 요한계시록을 '복음서의 제2부'라 불러도 크게 잘못된 주장이 아닐 것 같다. 그런데 안타깝게도 4복음서와 바울서신의 말씀들은 수없이 선포되고 해석되어 왔지만, 정작 복음서의 제2부라고 할 수 있는 요한계시록은 큰 소외를 겪고 온 것이 사실이다.

우리가 요한계시록을 연구해야 하는 두 번째 이유는 바로 사이비 이단 단체들 때문이다. 한국 교회가 요한계시록을 소홀히 여겨온 틈을 타서, 많은 기독교 사이비 이단 단체들이 요한계시록을 자신들만의 경전으로 여기면서, 너무도 무섭게 왜곡시켜

---

1 임진수, 『요한계시록』 (서울: 도서출판 솔로몬, 2014), 4-6.

왔다.

화폐전문가 배원준 씨는 그의 『위조지폐 감별이야기』에서 이렇게 말했다. "위조지폐를 감별하는 가장 좋은 방법은 진짜 지폐에 익숙해지는 것이다." 그렇다. 진품을 정확히 모르기 때문에 수많은 짝퉁에 속는 것이다. 진품과 짝퉁을 구별하기 위해서는 우리가 진품에 보다 많은 시간과 에너지를 투자하며 연구해야 한다. 신약 성서의 마지막 책인 요한계시록은 한국 사회 안에서 가장 많은 영적 짝퉁들을 양산한 경전이다.

대표적인 단체가 바로 신천지예수교장막성전의 이만희이다. 이만희는 『천국의 비밀: 계시록의 진상』을 통해서 오직 자신만이 요한계시록의 말씀의 봉을 푸는 자라고 외치면서, 이렇게 주장한다. "이 책의 말씀과 이 일은 이제야 개봉되어 세상에 선 보이는 영원한 새 복음이니 이제 창조된 것으로 옛적 것이 아니기 때문에 누구라도 오늘 이전에는 결코 보지도 듣지도 못하였느니라."[2] 그는 요한계시록은 성경 66권의 열매라고 말하면서, 요한계시록이 열리면 성경 전체가 열린다고 주장한다. 신천지(예수

---

2 이만희, 『천국의 비밀: 계시록의 진상』 (서울: 도서출판 신천지, 1985), 86-87. 앞으로 『천계』로 약칭될 것이다.

교증거장막성전)의 성서 해석 원리는 "비유 풀이"이다. "원숭이 엉덩이는 빨개, 빨가면 사과, 사과는 맛있어, 맛있으면 바나나, 바나나는 길어, 길으면 기차, 기차는 빨라, 빠르면 비행기, 비행기는 높아, 높으면 백두산"이란 동요처럼 원숭이 엉덩이가 기차가 될 수도 있고, 비행기나 백두산이 될 수도 있다. 한마디로, 그 어떤 성경적 신학적 근거도 없는 '과대망상적 자의적 해석'이다. 그런데 이러한 해석을 가지고 복음방 3개월, 센터 6개월 총 9개월을 학습시켜 완전히 사람을 세뇌시켜 버린다. 코로나 이전에는 숨어서 포교 활동을 했지만, 이제는 공개적으로 포교 활동을 하고 있다. 이제는 평신도를 넘어서 목회자를 대상으로 전국 목회자들에게 정기적으로 공문을 보내서 '요한계시록 강해'를 펼치고 있다.

이것은 비단 한국 교회만의 상황이 아니었다. 2세기 종말론적 광신주의자들에 의해서 요한계시록이 잘못 해석되어 당시 교회의 건강한 영적 성장을 저해하기도 하였다. 중세 교회 역시 요한계시록을 너무 신비주의적이고 종말론적으로 해석하여 많은 혼란을 야기하기도 하였다.

그러나 예수 그리스도가 요한계시록을 통해서 오늘 무엇을 우리에게 전해주시고자 하는지 그 핵심적 주제를 신학적으로 잘 파악한다면, 요한계시록을 통해 발생되어 온 수많은 영적 혼란들을 한국 교회와 기독교 공동체 안에서 정화시켜 나갈 수 있을 것이다.

02 왜 조직신학자의 눈인가?

'신학이 무엇인가?'라는 물음은 토마스 아퀴나스(St. Thomas Aquinas, c. 1225-1274)의 『신학대전(Summa Theologiae)』을 비롯해서 중세 신학자들의 교의학 서문(Prologus)에 어김없이 등장한다. 신학이 세분화되기 이전에 '신학(theologia)'이 무엇인가?라고 물으면, 그 신학은 바로 '조직신학'을 의미하였다. 다른 이름으로는 '교의학'(Dogmatics)라고 칭하기도 하였다. 조직신학 혹은 교의학은 일종의 기독교 경전 해석학이다. 성서 신학이 경전에 대한 주석적 기초 학문이라면, 조직신학은 그것에 근거해서 경전을 각 시대의 상황에 맞게 재해석하는 일종의 해석학적 학문이다. 그러므로 경전은 조직신학의 제1의 학문적 자료가 된다. 조직신학(Systematic Theology)은 경전을 전통과 경험의 틀에서 재해석함으로써 기독교 복음의 본질을 체계적으로 서술하는 학문이다.

조직신학이 조진신학(?)으로 전락된 이유는 바로 경전이 없는 신학을 전개하였기 때문이다. 종교 철학과 조직신학을 구별하지 못한 한국의 진보 신학계의 안타까움이다. 20세기 이전 '종교'란 단어는 서구 사회에서 '기독교'를 의미하였다. 그러나 포스트모던 사상과 함께 20세기 이후 '종교'란 단어는 더 이상 기독교만을 의미하지 않게 되었다. 종교 다원주의 시각에서 '종교'란 단어는 다양한 종교(고등 종교와 하등 종교를 포함)를 함축하는 단어가 되었다. 이런 차원에서 종교 철학은 특정 종교에 관한 철학만을 연구하지 않는다. 오히려 종교 철학은 자유롭게 다양한 종교 문화와 다양한 종교 사상을 연구하는 학문이다. 그러나 종교 철학과 달리 조직신학, 좀 더 구체적으로 기독교 조직신학은 기독교 경전과 기독교 전통, 그리고 기독교 역사와 경험을 학문적 주요 자료로 삼고 기독교 교회 공동체에 책임 있는 신학을 전개하는 학문이다.

2천 년의 기독교 역사 속에서, 전통적인 조직신학자들은 모두가 기독교 경전을 재해석하는 해석학적 작업에 조직신학의 본연의 학문적 위치를 설정해 왔다. 진보 진영의 가장 최근의 대표적인 조직신학자들 중의 한 사람이 바로 위르겐 몰트만(Jürgen Moltmann)이다. 그의 신학은 한마디로 기독교 경전에 근거한 교회 공동체를 위한 '책임적 신학'이다. 『희망의 신학』, 『십자가에 달리신 하나님』, 『성령의 능력 안에 있는 교회』, 『삼위일체와 하나님의 나라』, 『창조 안에 계신 하나님』, 『예수 그리스도의 길』, 『생명의 영』, 『오시는 하나님』 등. 그의 저서들은 모두가 철저히 기독교 경전에 대한 신학적 해석들이다. 오늘날 우리 시대를 위한 강력한 메시지를 담보한 일종의 놀라운 신학적 설교집들이고, 모두가 기독교 경전을 탁월한 신학적 통찰력으로 재해석한 놀라운 작품들이다.

개혁주의 신학과 복음주의 신학으로 가면 그 모습은 더 현저하게 나타난다. 개혁주의 신학에서 가장 대표적인 현대 조직신학자는 바로 루이스 벌코프(Louis Berkhof)이다. 네덜란드계 미국의 개혁주의 조직신학자로서 그는 칼빈신학교의 교수로 40년간 후학들을 가르쳤다. 그의 대표적인 작품은 『벌코프 조직신학』이다.[3] 철저히 '성경적 조직신학'을 전개한 개혁주의 계통의 가장 영향력있는 조직신학자이다. 장로회신학대학교를 비롯해서 개혁주의 계열의 신학교에서 대표적인 조직신학자로 인정받고 있는 인물이다.

---

3   Louis Berkhof, *Systematic Theology* (Grand Rapids: WM. B. Eerdmans Publishing Co., 1981). 앞으로 『Systematic Theology』로 약칭될 것이다.

한국의 총신대학교를 비롯한 복음주의 계열로 가면 대표적인 조직신학자가 바로 웨인 그루뎀(Wayne A. Grudem)이다. 그의 대표적인 조직신학 책은 바로 『성경 핵심 교리』이다.[4] 그는 조직신학을 이렇게 정의한다. "성경 전체가 오늘을 살아가고 있는 우리에게 어떤 가르침을 주는가? 라는 질문에 대한 대답을 연구하는 것이다."[5] 성경 전체가 곧 신학함의 교과서이고 기준이고 잣대가 된다는 것이다. 칼 바르트(Karl Barth)가 우연히 『로마서』를 해석한 것이 아니다. 그것이 바로 조직신학자의 학문적 작업이었기 때문이다. 그 시대의 언어로 그 시대의 사람들을 위하여 성서의 메시지를 재해석하는 일련의 작업이 바로 기독교 조직신학의 학문적 작업이다.

그동안 한국 사회 안에서, 조직신학자들이 교회와 목회 현장을 위해서 기독교 경전을 적극적으로 해석해 오지 않은 것은 참으로 안타까운 일이 아닐 수 없다. 기독교 변증가이자 조직신학자였던 성 어거스틴(St. Augustine)이 요한계시록에 대해 최초로 체계적인 해석을 시도한 것은 결코 우연이 아니다. 그것이 조직신학자로서의 신학적 책무였기 때문이다. 기독교 경전을 성서

---

4 웨인 그루뎀/박재은 옮김. 『성경 핵심 교리』 (서울: 도서출판 솔로몬, 2018).
5 Ibid., 19.

신학자가 아니라 조직신학자가 해석하는 일이 더 이상 낯선 일로 느껴지지 않길 소망해 본다.

03 요한계시록의 수신자는?

　요한계시록은 누구를 위한 계시의 말씀인가? 일차적으로는 당시 소아시아 지역에 존재했던 '일곱 촛대'로 상징되는 소아시아 '일곱 교회'(계 1:4, 20)를 말한다. 소아시아 일곱 교회는 당시 지리적인 위치로 보면, 아나톨리아(Anatolia)라고 불리우는 소아시아의 서부 전역에 걸쳐 있었다. 아나톨리아는 튀르키예어로는 아나돌루라고 하는데, 어원은 그리스어 '아나톨레(anatole)'이며 '태양이 떠오르는 곳' 또는 '동방의 땅'을 의미한다. 로마의 영토였던 에베소, 서머나, 버가모, 두아디라, 사데, 빌라델비아, 라오디게아에 위치한 각각의 지역교회들이 요한계시록의 일차적 수신자이다. 그래서 요한은 요한계시록의 문을 열면서 이렇게 전한다. "요한은 아시아에 있는 일곱 교회에 편지하노니...."(계 1:4).

　그러나 당시 소아시아에는 이 교회들 외에도 골로새, 드로아

등의 교회들이 더 존재하고 있었다. 그런 것을 고려하면, 이런 질문이 가능하다. 왜 '일곱 교회'만을 지칭하였을까? 그것은 요한계시록이 서신의 수신자를 '일곱'이란 완전수로 표현함으로써, '일곱 교회'는 지상에 존재하는 모든 세대 모든 교회들을 나타내고자 함이었다. 성서에서 '일곱'은 창조, 안식일, 안식년, 희년 등과 관련된 완성의 숫자이다. 그래서 요한계시록은 '일곱'이란 숫자를 상징적으로 사용하고 있는 것이다. '일곱 별'은 '일곱 사자'를 상징하고, '일곱 금 촛대'는 '일곱 교회'를 상징하고 있는 것이다(계 1:20).

이런 맥락에 볼 때, 요한계시록의 수신자로서 1장부터 3장에 등장하는 '아시아에 있는 일곱 교회'(계 1:4)는 당시의 지역교회로서의 일곱 교회뿐만 아니라, 이 땅의 모든 지상 교회를 대표하는 교회들의 모습이라고 할 수 있다. 그래서 요한계시록 2장과 3장에서 선포되는 '각 교회'를 향한 메시지는 언제나 '모든 교회들'을 향한 성령의 외침으로 그 끝을 맺는다. 예를 들어, 에베소 교회를 향한 선포를 보자. 그 결론 부분은 이렇다. "귀 있는 자는 성령이 교회들에게 하시는 말씀을 들을지어다 이기는 그에게는 내가 하나님의 낙원에 있는 생명나무의 열매를 주어 먹게 하리라"(계 2:7).

그러나 신천지의 이만희는 『천국의 비밀: 계시록의 진상』에서 '종말'에 초점을 맞추면서, '일곱 교회'는 장차 말일에 아시아에서 나타날 '예비된 일곱 교회'를 요한이 환상 가운데 소급하여 본 것이라고 주장한다. 요한계시록의 수신자가 바로 '배도한 유재열의 장막성전'(일곱 교회의 일곱 사자)이라는 것이다. 신천지는 요한계시록 2-3장의 일곱 교회를 모두 '배도한 교회'로 매도한다.[6] 그리고 그 아시아는 동방 지금의 한반도를 칭한다는 허무맹랑한 주장을 한다.[7] 이것은 통일교의 문선명이 『원리강론』에서 요한계시록 7장 2절 "...해 돋는 데로부터 올라와서...."란 말씀을 인용해서 재림 예수가 동방 곧 일본도 아니고 중국도 아니고 한국에서 재림하신다고 주장하는 것과 같은 맥을 이룬다.[8] 신학적 근거

---

6 일곱 사자에 관한 제목을 그대로 인용하면 다음과 같다. "제2장 범죄한 일곱 사자에게 보내는 사도 요한의 서신"(『천계』 p.45). 일곱 교회 모두가 배도하였다는 것은 말이 되지 않는다. 칭찬과 책망이 교차하고 심지어 책망이 없이 칭찬만 받은 교회도 있다. 무엇보다 일곱 교회를 향한 메시지들은 '참회'를 통해서 교회의 '회복'과 '구원'을 선포하는 메시지이다. 결코 '배도'나 '멸망'만을 선포한 메시지가 아니다. 신천지의 주장은 비신학적이고, 비성서적 해석이다. 이렇듯 계시록의 수신자에 대한 잘못된 해석은 요한계시록 전체를 왜곡시키는 매우 중요한 신학적 단초를 제공한다.
7 『천계』 29-31. 오해의 여지를 줄이기 위해서 위 주장에 대한 부분을 다음과 같이 그대로 인용한다. "2. 아시아에 출현한 일곱 교회"(『천계』 p.23). "4. 일곱 교회는 과거 요한의 제단과 같은 길 예비 제단이다"(『천계』 p.27). "그러므로 하나님은 아시아에 출현한 일곱 교회를 사도 요한에게 보여 주셨으며 요한의 본 바 일곱 교회는 말일에 나타날 예비 제단을 환상 가운데서 소급하여 미리 보았던 것이다."(『천계』 p.28). "5. 종말에 예배된 일곱 교회는 한반도에서 출현한다"(『천계』 p.30). "아시아의 말 모퉁이 작은 반도여! 이 엄청난 축복의 경이로운 사건을 뉘라서 부인할 수 있으랴! 하나님은 처음부터 역사를 동방에서 시작하셨음을 주목하시라. 동방의 에덴에 동산을 창설하신 이가 누구인가? 시작한 곳에서 마무리 짓는 것이 우리 일상의 바람이라면 시작점 알파에서 마치는 자리 오메가는 본래의 자리이기에 하나님의 새 창조의 역사는 시작한 자리 동방에서 또한 마무리 짓는다."(『천계』 p.31). "특히 이 예비 제단은 우리의 조국 한반도에서 출현한다는 사실도 분명히 이해하게 되었다"(『천계』 p.33). 실로 과대망상적(비성경적, 비신학적) 해석이 아닐 수 없다.
8 세계평화통일가정연합, 『원리강론』 (서울: 성화출판사, 2014), 310-311. 앞으로 『원리강론』으로 약칭될 것이다.

가 전혀 없는 참으로 터무니없는 주장들이다. 당시(주후 1세기) 아시아는 지금의 터키 영토를 지칭한다. 그리고 그 아시아의 일곱 교회는 아시아뿐 아니라, 이 땅의 모든 지상 교회를 대표한다.

04 요한계시록의 영적 주제는 무엇인가?

　조직신학자로서 목회 현장에서 요한계시록을 다시 읽으면서 새롭게 발견한 내용은 이것이다. 요한계시록은 단순히 묵시 문학으로서 종말론만을 다루는 말씀의 책이 아니라는 것이다. 요한계시록은 지상 교회와 천상 교회의 모습들을 통해서,[9] 교회의 본질과 교회의 영적 싸움, 그리고 교회의 최후 승리라는 감동적인 기독교 교회 공동체의 이상적 청사진을 유감없이 계시해주는 놀라운 말씀의 책이라는 것이다.

　전통적으로 교회의 이중적 측면을 '가시적 교회'와 '불가시적 교회'로 나누어서 생각했다. 마치 이 땅에 있는 교회는 가시적 교회로서 허상에 불과하고 장차 완성될 하늘에 있을 교회를 이상적 교회(불가시적 교회)로 보는 경향이 있어왔다. 그러나 이것은 플

9　『Systematic Theology』, 565.

라톤적 이원론에 기초한 이해이다. 루터와 칼빈은 '가시적 교회'와 '불가시적 교회'를 두 개의 다른 교회로 보기보다는 단지 하나의 그리스도의 몸인 교회의 다른 두 모습으로 이해했다. 한 모습은 불가시적이고, 천상적이고, 영적이고, 승리하는 교회이고, 다른 모습은 가시적이고, 지상적이고, 육적이고, 전투하는 교회이다. 칼빈은 이 두 측면을 '하나님 앞에 있는 교회와 사람들 앞에 있는 교회'(ecclesia coram Deo et ecclesia coram huminibus)로 구분하여 표현했다. 모든 교회는 가시적인 동시에 불가시적인 '한 몸'(unum corpus) 공동체이다.

요한계시록이 말하는 종말은 교회 안에서, 교회를 통해서, 교회와 함께 성취되는 승리의 사건이다. 종말은 교회를 향한 언약의 성취의 사건이고, 교회의 주인이 되시는 예수 그리스도 안에서 이루어지는 새 하늘과 새 땅이 도래하는 사건이다. 요한계시록의 핵심 주제는 종말이 아니라 교회이다. 어린 양 예수 그리스도와 함께하는 성도들의 모임, 바로 그 교회 공동체의 이야기가 요한계시록 1장부터 22장까지 감동적으로 펼쳐지고 있다.

요한계시록의 영적 주제는 '교회'이다. 요한계시록 안에는 당시 존재했던 교회와 현재 존재하는 교회, 그리고 앞으로 수없이 도래할 수많은 교회들, 즉, '전투하는 교회'로서의 지상 교회뿐 아니라, '승리한 교회'로서의 천상 교회가 때론 '교회'란 직접적인 용어로, 때론 다양한 교회의 상징들과 이미지들을 통해서 상호 교차하며 계시되어 있다.[10]

모든 종교에는 상징들이 있다. 기독교도 예외는 아니다. 기독교 안에도 많은 상징들이 존재한다. 상징이 존재하는 이유가 무엇일까? 그것은 종교의 본질과 밀접한 관계가 있다. 종교의 본질은 인간의 이성과 문자의 한계를 넘어서 존재한다. 그래서 개신교 교회론의 아버지로 불리우는 슐라이어마허는 유한한 인간이 무한이신 하나님을 만나는 신 경험을 형이상학(헤겔)이나 도덕(칸트)의 차원을 넘어서는 것으로 보았다. 신 경험은 종교적 혹은 신학적 상징이 아니고는 표현할 수 없는 세계이다. 물론 상징조차도 다 표현할 수 없는 세계가 바로 하나님의 세계이다. 이것은 동방교회 신학의 관점에서 보면, '신비'이다. 상징은 그 신비로운 신적 세계를 비추는 작은 통로들이다.

교회 즉 '에클레시아'란 직접적인 명칭은 요한계시록 1장과 3

---

10 기독교 상징들에 관한 자세한 내용은 "신학이 있는 영성마을"(www.ktst.co.kr)을 참조하라.

장에서만 무려 18번(계 1:4, 11, 20; 2:1, 7, 8, 11, 12, 17, 18, 23, 29; 3,1, 6, 7, 13, 14, 22)이나 기록되어 있다. 그리고 요한계시록의 마지막 결론인 22장 16절에서 주님께서 직접 교회들을 언급하시며, 왜 주님께서 사자들을 보내셔서 계시의 말씀을 증언하게 하셨는지 그 이유를 말씀하신다. "나 예수는 교회들을 위하여 내 사자를 보내어 이것들을 너희에게 증언하게 하였노라…."(계 22:16). 이런 맥락에서 요한계시록의 영적인 수신자는 바로 성도들의 모임인 교회인 것이다. 그래서 요한계시록의 시작과 끝은 교회로 시작해서 교회로 끝을 맺는다.

그 외에 요한계시록은 전체 장에 걸쳐서 교회의 직접적인 용어 대신에 '그리스도의 몸'이라는 은유적 시각에서, 교회의 상징들 혹은 교회의 이미지들로 교회를 칭하고 있다.[11] 예를 들어, '종들'과 '형제들'(1:1; 2:20; 6:11; 7:3; 12:10; 19:2, 5; 22:3, 6), '나라와 제사장'(1:6; 5:10; 20:6), '촛대들'(1:20), '이긴 자'(2-3; 15:2; 21:7), '남은

---

11 신약 성서의 대표적인 교회의 이해는 바로 '그리스도의 몸'으로서의 교회이다. 중요한 것은 어떤 '그리스도의 몸'이냐 하는 것이다. 적어도 세 가지 '그리스도의 몸'에 초점을 맞추어야 한다. 첫째로, '성육하신 그리스도의 몸'이다. 이 성육신적 몸에서 '성육신적 영성'이 나오고, '성육신적 영성'에서 '성육신적 공동체'가 세워지는 것이다. 둘째로, '수난 당하신 그리스도의 몸'이다. 십자가의 고난 당하신 몸에서 '십자가 영성'이 나오고, '십자가 영성'에서 시대의 고통과 아픔에 동참하는 '십자가 공동체'가 탄생하는 것이다. 셋째로, '부활하신 그리스도의 몸'이다. 사망에서 부활하신 그리스도의 몸에서 '부활의 영성'이 나오고, '부활의 영성'에서 '부활 공동체'가 세워지는 것이다. 그리스도의 몸은 기독교 영성의 요체이고, 기독교 교회 공동체의 내용이 된다. 건강한 기독교 영성과 건강한 기독교 교회 공동체에는 언제나 이 세 종류의 그리스도의 몸이 살아 역사해야 한다.

자'(2:24; 12:17), '흰 옷 입은 자들'(3:4-5; 6:11; 7:9, 13), '성도들'(5:8; 8:3-4; 11:18 13:7; 14:12; 16:6; 17:6; 18:20, 24; 19:8; 20:9), '14만 4천'(7:4-8; 14:1-5), '셀 수 없는 큰 무리'(7:9-7), '거룩한 성'(11:), '여인'(19:7; 21:9), '부르심을 받고 택하심을 받은 신실한 자들'(17:14), '나의 백성'과 '그의 백성'(18:4; 21:3), '신부'(21:9; 22:17), '이스라엘의 열두 지파'와 '어린 양의 열두 사도'(21:12, 14)들이 그러한 예이다.[12]

왜 이렇게 수많은 상징들과 이미지들로 교회를 표현했을까? 이것은 소위 묵시 문학의 특징이기 때문이다. 묵시 문학은 대부분 특별한 박해 상황으로 인해서 진리의 말씀을 직접적으로 선포할 수 없는 삶의 정황을 전제로 하고 있다. 예를 들어, 다니엘서 7장과 8장에 보면 '네 짐승과 작은 뿔 환상'과 '숫양과 숫염소의 환상'들이 나온다. 이것들은 헬라 왕조의 유대교 박해 상황을 전제로 하고 있다. 마찬가지로 요한계시록은 수많은 교회에 대한 상징들과 이미지들, 그리고 영적 전쟁과 승리에 대한 환상들로 가득한데, 이것들은 모두 로마 제국의 박해 상황을 전제로 하고 있기 때문이다.

---

12 Ekkehardt Mueller, "Introduction to the Ecclesiology of the Book of Revelation", *Journal of the Adventist Theological Society* 12/2(Autumn 2001): 199, 200, 앞으로 IEBR로 약칭될 것이다.

요한계시록은 도미티아누스 황제(AD 81-96)의 통치가 끝나는 때 기록된 것으로 여겨진다. 로마의 번영은 동시에 로마의 몰락을 가져오는 계기가 되었다. 부로 인한 사치와 향락은 사회를 점점 더 타락의 길로 인도했다. 네로 황제는 그리스도인들을 방화범으로 몰아서 극심하게 박해하였다. 네로 황제 이후에도 기독교인의 박해는 지속되었다. 그리고 도미티아누스 황제 때에 그 박해는 극에 달했다. 광활한 영토를 통치하고 자신들의 권력과 부를 마음껏 향유하기 위해서는 스스로 신이 되지 않으면 안되었다. 그래서 '가이사 숭배 사상' 즉 '황제 숭배 사상'을 이용했던 것이다. 그러나 황제를 '주'로 섬기지 못하는 기독교인들은 극심한 핍박과 박해로 인해서 수없이 순교를 당했다. 한편으로 이 박해와 핍박을 견디지 못하는 사람들 중에는 안타깝게 배교의 길을 걷기도 하였다. 이렇게 극심한 로마 제국의 박해 상황을 고려할 때 왜 요한계시록 안에 그토록 수많은 교회에 대한 상징들이 등장하는지 그 이유를 알 수 있다.

요한계시록에 기록된 이런 일관된 교회의 상징들 혹은 교회의 이미지들은 교회론적 시각에서 해석할 때 그 영적 의미가 정확하게 드러난다. 그렇지 않고 그것들을 종말론적 시각으로만 해석하면, 교회를 향한 주님의 음성을 듣지 못하게 된다.

요한계시록의 교회론에 대한 건강한 이해 없이는 누구도 그 말씀의 비밀을 올바로 이해할 수 없다. 왜 그토록 수많은 사이비 이단 사교 단체들이 요한계시록을 이용하여 시한부 종말론이나 터무니없는 비유 풀이들로 한국 교회를 미혹하고 훼파시켜왔는가? 왜 우리는 그들이 그렇게 계시의 말씀들을 왜곡시켜 나가는 모습을 바라만 보았는가? 왜 짝퉁 앞에서 두려워 떨며 아무런 소리를 내지 못했는가? 이유는 하나이다. 바로 진품을 지니고 있으면서 그 진품의 가치를 우리 스스로 잘 몰랐기 때문이다.

본 책을 통해서 진품 요한계시록의 교회론을 소개하고자 한다. 소개의 목적은 두 가지이다. 첫째는 요한계시록에 대한 잘못된 해석을 한국 교회 안에서 깔끔하게 정화시켜 나가기 위함이다. 둘째는 바벨론 같은 세상을 사는, 오늘 이 땅의 성도들과 교회를 향한 주님의 사랑과 희망의 메시지를 나누기 위함이다.

요한계시록은 밧모섬에 유배된 사도 요한이 교회의 머리가 되시는 주님께서 보여주신 환상을 보고 기록한 계시의 말씀이다. 그래서 요한계시록은 교회의 설립자가 되시고 그분 자신이 교회의 주인이 되시는 "예수 그리스도의 계시라"(계 1:1)는 선언과 함께 시작된다. 복음서가 예수 그리스도께서 제자들과 함께 지상 사역을 감당하시면서 전해주신 생명의 말씀이라면, 요한계시록은 예수 그리스도께서 승천하신 이후 지상의 성도들과 교회를 향하여 선포하신 생명의 말씀이다.

여기서 우리는 요한계시록의 이중적 교회론을 발견하게 된다. 하나는 지상 교회 교회론이고, 또 하나는 천상 교회 교회론이다. 요한계시록은 '이미' 예수 그리스도 안에서 성취된 '새 하늘과 새 땅'의 실체로서의 천상 교회의 모습과, '아직' 우리의 역사 속에서 성취되지 않은 지상 교회의 모습을 기록하고 있다. 천상 교회의 영광과 능력과 계시를 통해서, 어떻게 지상 교회가 '새 하늘과 새 땅'을 맞이하게 되는지 그 일련의 구원의 과정이 파노라마처럼 펼쳐지고 있다.

요한계시록이 말하는 진정한 복은 누구에게 주어지는가? 주님의 지상의 메시지뿐만 아니라 천상의 메시지를 읽고 듣고 지키는 자에게 복이 있다는 것이다. 요한계시록은 계시의 포문을 열면서 이렇게 기록하고 있다. "이 예언의 말씀을 읽는 자와 듣는 자와 그 가운데에 기록한 것을 지키는 자는 복이 있나니 때가 가까움이니라"(계 1:3). 여기서 '복'이란 단어는 헬라어로 '마카리오스'(μἄκάριος)이다. '행복한'이란 뜻이다.

필자는 『예수의 행복론: 행복에 이르는 길』(킹덤북스)을 통해서 히브리어 '아쉐레이'를 번역한 헬라어 '마카리오스'의 의미를 설명한 바 있다.[13] 기독교가 말하는 복은 단순히 물적인 축복만을 의미하는 기복적인 복이 아니다. 물적인 복과 정서적인 복, 그리고 영적인 복까지 포괄하는 충만한 복, 즉 전인적인 축복을 의미한다. 사람이 진정으로 '행복'해지기 위해서는 영적인 축복과 정서적인 축복, 그리고 물적인 축복을 모두 받아야 한다. 주님의 말씀을 읽고, 듣고, 그 가운데 기록된 것을 지키며 사는 사람들은 그 전인적인 축복을 받게 된다.

더 근원적으로 들어가면, 기독교 경전이 말하는 '복'은 소유(to have)의 차원의 복이 아니라 존재(to be)의 차원의 복을 의미하는 것이다. 시편 1편 1-2절을 보자. "복 있는 사람은 악인들의 꾀를 따르지 아니하며 죄인들의 길에 서지 아니하며 오만한 자들의 자리에 앉지 아니하고 오직 여호와의 율법을 즐거워하여 그의 율법을 주야로 묵상하는도다." 여기서 '복 있는 사람'이 의미하는 것은 그 사람의 '존재 그 자체'를 의미하는 것이지, 그 사람의 그 어떤 '소유의 유무'를 나타내는 말이 아니다. 악인들의 꾀를 따르지 아니하고 죄인들의 길에 서지 아니하고, 오만한 자들의 자리

---

13 김영복, 『예수의 행복론: 행복에 이르는 길』 (용인: 킹덤북스, 2015), 19.

에 앉지 아니하고, 여호와의 율법을 즐거워하며 그의 율법을 주야로 묵상하는 사람이 바로 '복이 있는 사람'이라는 것이다.

요한계시록 역시 '복이 있는 사람'에 대한 정의가 '소유'가 아니라 '존재'에 초점을 맞추고 있다. "이 예언의 말씀을 읽는 자와 듣는 자와 그 가운데에 기록한 것을 지키는 자는 복이 있나니 때가 가까움이라"(계 1:3). 세속적인 축복의 기준과는 전혀 다른 새로운 차원의 정의이다. 많은 물질을 축적하였거나 높은 지위나 명예를 구가하게 된 사람이 복이 있는 사람이 아니라는 것이다. 정말로 복이 있는 사람은 '말씀을 읽는 자와 듣는 자와 그 가운데에 기록한 것을 지키는 자가 복이 있다'는 것이다. 이런 의미에서 '복 있는 자'가 곧 '행복한 자'이다.

헬라어에는 '행복' 혹은 '복'으로 번역될 수 있는 단어가 셋이 있다. 하나는 '율로게토스'(eulogetos, εὐλογητός)이다. 뜻은 "높이다, 높여주다, 찬양하다"이다. 율로게토스의 특징은 하나님과 우리 사이의 상호 관계 안에서 사용되는 단어이다. 그 예는 에베소서 1장 3절에 사용되고 있다. "찬송하리로다 하나님 곧 우리 주 예수 그리스도의 아버지께서 그리스도 안에서 하늘에 속한 모든 신령한 복을 우리에게 주시되."

다음은 '유다이모니아'(eudaimonia, ευδαιμονια)이다. 이것은 아리스토텔레스가 사용한 단어이다. 인간이 행복하다고 느끼는 상태가 바로 '유다이모니아'이다. 아리스토텔레스에 의하면 인간은 그 어떤 목적을 지향하는 존재이다. 서로 다양한 목적들을 지향하지만 그 모든 것들은 하나의 '궁극적 목적'(the ultimate goal)으로 수렴된다. 그 궁극적 목적이 바로 '유다이모니아' 즉 '행복'이다. 아리스토텔레스에게 있어서 도시 국가의 행복이 개인의 행복에 앞선다. 그리고 아리스토텔레스의 행복은 하나님 없는 인간의 행복을 의미한다. 그래서 성경에는 단 한번도 '유다이모니아'가 사용된 적이 없다.

끝으로 '마카리오스'(makarios, μăκάριος)이다. '마카리오스'는 '율로게토스'와 달리 인간에게만 사용된 용어이다. 그러나 '유다이모니아'와는 달리 '마카리오스'는 하나님의 은총과 축복을 전제로한 '행복'이다. 즉 하나님이 베풀어주신 은혜와 축복으로 말미암아 인간이 누리는 '행복'이 바로 '마카리오스'이다. 마태복음 5장 3-10절에 기록된 '복'은 모두가 '마카리오스'이다. 단순한 '팔복'이 아니라, '여덟 가지 행복에 이르는 길'을 예수님께서 가르쳐주신 것이다. 요한계시록 1장에 사용된 '복'도 바로 '마카리오스'(μăκάριος)이다.

그렇다면, 요한계시록이 말하는 행복한 사람은 어떤 사람인가? 바로 '말씀을 읽는 자'와 '듣는 자'와 '그 가운데에 기록한 것을 지키는 자'가 행복한 사람이라는 것이다. 바로 이것이 요한계시록의 행복론이다. 누가 어디서 예언의 말씀을 읽고 듣고 그 가운데 기록된 것을 목숨을 걸고 지켜 행하는가? 바로 이 땅의 성도들이 교회를 통해서 이 일을 행한다. 그러므로 바벨론 같은 세상에서 승리하는 삶을 살 수 있는 유일한 길은 주님의 말씀을 마지막까지 생명처럼 사랑하고 소중히 간직하는 교회 공동체를 통해서만 가능하다. 요한계시록은 그 사실을 유감없이 나타내 보여주는 생명의 말씀이다.

05 요한계시록의 교회론적 구조는?

요한계시록의 구조를 교회론적 차원에서 분석하면 다음과 같은 내용으로 간략하게 정리될 수 있다.

1) 지상 교회를 향한 메시지(1-3장)	
2) 천상 교회의 하늘 보좌(4-5장)	
3) 세 가지 심판과 교회의 영적 전쟁(6-16장)	(1)일곱 인 심판(6:1-8:5)
	(2)일곱 나팔 심판(8:6-11:19)
	(3)교회(지상과 천상)의 영적 전쟁(12-14장)
	(4)일곱 대접 심판(15-16장)
4) 바벨론의 멸망과 천상 교회의 승리 찬양(17-19장)	
5) 천년 왕국과 교회의 완성(20-22장)	

요한계시록을 묵상하면서, 그동안은 미래의 종말이나 그리스도의 재림에 초점을 맞추어 왔다. 정작 그 속에 교회를 향한 메

시지를 간과해 온 것이 사실이다. 그러나 조금만 관심을 갖고 성찰해보면 요한계시록 안에는 당시 1세기 말 교회들과 역사상 모든 교회들, 그리고 오늘날의 모든 지상 교회들에게 던져주는 놀라운 메시지들이 넘쳐나는 것을 발견하게 된다. 묵시 문학의 특징은 '초월성'이다. 즉 공간적 초월성과 시간적 초월성이다. 요한계시록은 공간적 초월로서의 하늘과 시간적 초월로서의 종말의 관점에서 교회를 설명한다. 전투하는 교회로서의 지상 교회와 동시에 승리한 교회로서의 하늘의 천상 교회의 이야기가 교회의 종말론적 완성이라는 차원에서 드라마틱하게 전개되고 있다.

교회는 어느 세대나 두 가지 영적 과제 앞에 놓여 있다. 하나는 자기 자신과의 관계 안에서 취해야 하는 '정체성의 과제'이다. 이것은 교회, 성직자, 성도가 각각 '교회다움', '성직자다움', '성도다움'을 추구해야 하는 내적 과제이다. 러시아의 대문호 토스토예프스키(Fyodor Mikhaylovich Dostoyevsky, 1821-1881)는 "아름다움이 세상을 구원할 것이다"라고 말했다. 아름다움은 '다움'이 회복된 삶의 공간이다. 감리교의 창시자 존 웨슬리(John Wesley, 1703-1791)는 이것을 '내적 성화'의 과제로 보았다.

다른 하나는 세상과의 관계에서 이루어지는 '상관성의 과제'이다. 이것은 교회가 세상의 빛과 소금으로서 세상을 변화시켜야 하는 외적 과제이다. 존 웨슬리는 이것을 '외적 성화' 혹은 '사회 성화'의 과제로 보았다.[14] 교회가 이 두 과제를 잘 수행할 때 비로소 교회의 궁극적 사명인 '하나님의 나라'를 실현하는 일에 존귀하게 쓰임 받게 된다.

그러나 이 땅에서 실제로 교회가 이 두 영적 과제를 건강하게 잘 수행하는 일은 결코 쉽지 않다. 교회를 붕괴시키고자 하는 사탄의 끊임없는 달콤한 미혹과 위협적인 공격이 전 방위로 지속되고 있기 때문이다. 교회가 정체성의 과제에 초점을 맞추다 보면 상관성의 위기에 처해지게 되고, 반대로 상관성의 과제에 초점을 맞추다 보면 정체성의 위기에 봉착하게 된다. 그래서 오늘날 지상 교회는 그 두 영적 과제를 수행하는 과정에서 '정체성의 위기'나 '상관성의 위기'에 직면하고 있는 것이다. 이러한 위기를 잘 극복하지 못하면, 교회는 여지없이 짝퉁 교회로 전락하게 된다. 어떻게 이런 위기를 극복할 것인가?

지상 교회가 직면한 영적인 위기를 정확히 진단하고, 그 위기

---

14 내적 성화(Inner Holiness)와 외적 성화(Outer Holiness)는 18세기 감리교 운동의 영적인 동력이자 그 목표가 되었다.

를 극복할 수 있는 대안이 요한계시록 2장과 3장에 기록되어 있다. 바로 소아시아 일곱 교회의 일곱 메시지가 대안인 것이다. 이것은 오늘날 현대 교회를 향한 주님의 사랑의 호소이자, 교회를 교회되게 하는 생명의 메시지이다. 일곱 교회를 향한 주님의 메시지를 통해서 어떤 교회가 진품 교회이고, 어떤 교회가 짝퉁 교회인지 살펴보겠다.

2부

일곱 교회를 향한 일곱 메시지(1-3장)

01 일곱 교회 메시지를 통해 본 진품과 짝퉁

당시 소아시아의 일곱 교회와 모든 지상 교회가 직면한 영적인 위기를 정확히 진단하고, 그 위기를 극복할 수 있는 대안을 요한계시록 2장과 3장을 통해서 살펴보자. 한 마디로 소아시아 일곱 교회를 향한 일곱 메시지가 위기 극복을 위한 그 대안적 해답이다. 이것은 오늘날 현대 교회를 향한 주님의 사랑의 호소이자, 교회를 교회되게 하는 생명의 메시지이다. 일곱 교회를 향한 주님의 메시지를 통해서 어떤 교회가 진품 교회이고, 어떤 교회가 짝퉁 교회인지 살펴보자.

1) '사랑'이 살아있는 교회 공동체

주님이 칭찬하시는 진품 교회는 어떤 교회인가?

진품 교회는 '아가페'의 사랑이 살아있는 교회 공동체이다. 왜 주님이 에베소 교회를 향하여 촛대를 옮기시겠다고 책망하셨는가? 바로 '처음 사랑'을 잃어버렸기 때문이다(계 2:4-5). '처음 사랑'을 잃어버렸기 때문에, '처음 행위'도 잃어버렸다. 사랑을 잃으면 모든 것을 잃은 것이다. 주님은 공생애 기간에 하나님을 사랑하는 것과 이웃을 사랑하는 것이 온 율법과 선지자의 강령(마 22:37-40)이라고 말씀하셨다. 인간 교주를 사랑하는 것이 아니라 하나님을 뜨겁게 사랑하는 것이 가장 크고 첫째 되는 계명이며, 그 하나님 사랑 안에서 우리의 이웃을 우리의 몸처럼 사랑하는 것이 그 다음 계명이다.[15]

대신 관계와 대인 관계를 회복하고 유지하며 풍성하게 만드는 유일한 힘은 오직 사랑의 힘에 있다. 이 사랑의 에너지는 본래 하나님께로부터 왔고, 하나님께 속한 것이다. 사도 요한은 그 사실을 이렇게 말하고 있다. "사랑하는 자들아 우리가 서로 사랑하자 사랑은 하나님께 속한 것이니 사랑하는 자마다 하나님으로부터 나서 하나님을 알고 사랑하지 아니하는 자는 하나님을 알지 못하나니 이는 하나님은 사랑이심이라"(요일 4:7,8).

---

[15] 최근에 새롭게 대두되는 "공적 복음과 공공 신학"의 주제는 "네 이웃을 네 몸과 같이 사랑하라"는 주님의 말씀으로 요약된다고 본다. 성도들과 교회가 세상으로부터 담을 쌓거나 외면당한다면 그것 자체가 건강한 기독교 영성이 아니다. 기독교 사이비와 이단의 특징 중의 하나가 무엇인가? 바로 그들에게는 '공적 복음과 공공 신학'이 부재하다는 것이다. 건강한 기독교 복음과 건강한 기독교 신학은 '공공의 선'과 '공공의 정의', 그리고 '공공의 사랑'을 실천함으로써 이 세상에 하나님의 나라를 실현하는 것에 그 목적을 둔다.

사랑은 창조의 에너지이다. 이것을 기독교 영성은 '하나님 사랑으로부터의 창조(creatio ex amore Dei)'라고 칭한다. 하나님의 천지 창조는 세상에 대한 하나님의 자기 사랑의 표현이다. 만약에 그 사랑이 없었다면, '무로부터의 창조(creatio ex nihilo)'는 불가능했을 것이다. 아무것도 없는 '절대 무'(omnino nihil)의 공간은 하나님 스스로 자신의 존재의 속성인 모든 곳에 현존하시는 '현존성'을 포기해야만 가능하기 때문이다. 즉 모든 곳에 현존하시는 하나님의 존재의 자리를 스스로 하나님 편에서 포기하실 때에만 비로소 '절대 무'의 공간이 가능하기 때문이다. 위르겐 몰트만(Jürgen Moltmann)은 이것을 그의 명저『창조 안에 계신 하느님』에서 이렇게 말한다.

> 하느님은 창조를 가능케 하기 위하여 "자기 자신으로부터 자기 자신에게로 물러난다." 하느님의 겸손한 '자기 단념'이 밖을 향한 그의 행동에 선행한다. 이러한 면에서 '하느님의 자기 낮추심'은 창조와 함께 비로소 시작하지 않는다. 왜냐하면 하느님은 이 세계에 관여하기 때문이다. 오히려 하느님의 자기 낮추심은 이미 창조 이전에 시작하며 창조를 위한 전제이다. 하느님의 '창조적 사랑'은 그의 겸손한, 자기 자신을 '낮추는 사랑'에 근거되어 있다.[16]

---

16 위르겐 몰트만/김균진 옮김,『창조 안에 계신 하느님』(서울: 한국신학연구소, 2002), 138-

바로 여기서 예수 그리스도의 십자가의 죽음의 비밀이 드러난다. 어떻게 그분이 하나님의 아들이시고, 그분 자신이 삼위일체 하나님이신데, 십자가에 달려서 죽으실 수가 있는가? 그래서 어떤 이들은 예수의 죽음을 가짜 죽음으로 보기도 하였다. 기독교 이단 사상 중의 하나인 가현설(Docetism)이 바로 그것이다. 예수의 신성은 강조하였지만 예수의 인성은 부인하였다. 왜냐하면 인간을 향한 하나님의 사랑의 깊이를 몰랐기 때문이다. 인간을 너무도 사랑하셔서, 십자가상에서 자신의 존재의 속성인 '영원성'까지 포기하신, 그 하나님의 사랑을 몰랐기 때문이다. 사랑은 계산하지 않는다. 우리를 향한 하나님의 사랑은 자신의 소중한 모든 것을 아낌없이 내어주시는 아가페의 사랑이다. 하나님은 그 사랑 안에서 모든 율법을 완성시켰고, 그 사랑으로 인류 구원의 문을 여셨다. 그 사랑 안에서 주님은 우리에게 사랑의 새 계명을 주셨다. "새 계명을 너희에게 주노니 서로 사랑하라 내가 너희를 사랑한 것 같이 너희도 서로 사랑하라 너희가 서로 사랑하면 이로써 모든 사람이 너희가 내 제자인 줄 알리라"(요 13:34,35). 주님의 사랑이 살아있는 교회가 바로 '진품 교회'이다.

이 사랑의 비밀을 알았던 사도 바울은 '사랑은 율법의 완성'(롬

139.

13:10)이라고 선언하였다. 그리고 그는 우리가 아무리 천사의 말을 하고, 뛰어난 능력과 지식과 믿음을 가졌으며, 남을 구제하고 자신의 몸을 불사르게 내줄지라도, 사랑이 없으면 소리 나는 구리와 울리는 꽹과리가 되고 아무것도 아니며 아무 유익도 없다고 선포했다(고전 13:1-3). 사랑으로 행하지 않는 모든 것이 죄가 되는 이유가 바로 여기 있다. 눈에 보이지 않는 사랑이 오늘 우리를 진품과 짝퉁으로 구분하는 가장 중요한 영적 기준이 되는 것이다.

2) '믿음'이 살아있는 교회 공동체

진품 교회는 '믿음'이 살아있는 교회 공동체이다. 버가모 교회를 향한 주님의 칭찬을 보자. 복음을 전하다가 사탄이 사는 곳에서 죽임을 당한 안디바의 순교에도 불구하고, 버가모 교회는 예수 그리스도의 이름을 붙잡고 주님에 대한 믿음을 끝까지 저버리지 않았다. 그래서 주님은 "…사탄이 사는 곳에서 죽임을 당할 때에도 나를 믿는 믿음을 저버리지 아니하였도다"(계 2:13)라고 칭찬하셨다. 서머나 교회 역시 사방의 박해와 핍박으로 인한 극심한 환난과 궁핍 가운데에서도 주님에 대한 믿음을 지켰다. 그래서 주님은 그들을 "실상은 네가 부요한 자"라고 칭찬하셨다(계 2:9). 이것은 라오디게아 교회를 향한 책망과 대조를 이룬다. 라오디게아 교회는 물질적으로는 부요하여 부족함이 없는 교회였지만, 영적으로는 참으로 곤고하고 가련하고 가난하고 눈멀고 벌거벗은 교회였다.

짝퉁 교회는 언제나 보이는 것에 집착한다. 그러나 진품 교회는 보이지 않는 가치를 추구한다. 주님이 보시기에, 부하지만 가난한 교회가 있고 가난하지만 부한 교회가 있다. 무엇이 그 차이를 결정하는가? 바로 '믿음'이다. 어떤 믿음인가? 교주나 사람에 대한 믿음, 세상의 문명과 문화에 대한 믿음, 자신의 꿈과 욕망에 대한 믿음이 아니라, 바로 우리의 소망이 되시는 '예수 그리스도'에 대한 믿음이다. 어떠한 환경 속에서도 그 믿음이 살아있는 교회가 진품 교회인 것이다.

마커스 보그(Marcus J. Borg)는 『기독교의 심장』이란 책에서, 믿음을 네 가지로 설명한다.

a. '동의로서의 믿음'(faith as assensus)이다. 이 믿음은 진리를 부정하지 않고 지적 동의를 취하는 수준의 믿음이다. 어떤 신조나 명제를 지적으로 동의하고 받아들이는 차원의 믿음이다. 종교 개혁 이후 각 교파마다 자신들이 받아들이는 많은 교리나 신조

들이 만들어졌다. 이것은 '정통'이란 단어의 의미를 바꾸어 놓았다. 16세기 이전의 '정통'이란 의미는 '올바른 예배나 예전'을 의미했다. 그러나 종교개혁 이후 '정통'이란 '올바른 믿음이나 신조'를 의미했다.[17]

b. '신뢰로서의 믿음'(faith as fiducia)이다. 지적 동의 수준을 넘어서는 믿음이다. 실존주의 철학자 쇠렌 키에르케고르는 '신앙'이란 수심이 100km가 넘는 깊은 바다 위에 떠 있는 것과 같다고 했다. 물을 신뢰하지 않고 두려움 속에서 몸부림을 친다면 몸은 물 속으로 빠져들 것이다. 그러나 그 어떤 두려움도 없이 몸을 물 위에 내어 맡기면 물 위에 뜰 수 있다는 것이다. 이것은 베드로의 이야기를 통해서 엿볼 수 있다. 베드로가 주님을 신뢰하였을 때, 죽음을 두려워하지 않고 풍랑이 이는 바다 속으로 뛰어들었던 믿음이 바로 이에 해당되는 믿음이다. 신뢰의 반대어는 '의심'이나 '불신앙'(disbelief)이 아니라 '불신'(mistrust)이다. 그러므로 신뢰의 반대어는 '걱정'과 '염려'가 된다.[18] 이런 맥락에서 주님은 '믿음이 적은 자들'이라고 책망하시면서, 제자들에게 반복적으로 무엇을 먹을까, 무엇을 마실까

17　마커스 보그/김준우 옮김, 『기독교의 심장』 (서울: 한국신학연구소, 2009), 50-54.
18　Ibid., 55.

무엇을 입을까 염려하지 말라고 말씀하셨다(마 6:30-34). 철저한 신뢰로서의 믿음을 소유할 수 있다면, 우리의 삶에 놀라운 일들이 일어날 것이다.

c. '충실함으로서의 믿음'(faith as fidelitas)이다. 이것은 하나님과 우리 사이의 관계에서 충실함을 나타내는 차원의 믿음이다. 충실함으로서의 믿음은 '가슴'의 헌신과 충성을 의미한다. 그러므로 충실함의 반대어는 '배신'(infidelity)이다. 어떠한 경우에도 영적 배신이나 간음을 하지 않고 끝까지 신실한 가슴으로 충성하는 믿음이 바로 충실함으로서의 믿음이다.[19]

d. '보는 방식으로서의 믿음'(faith as visio)이다. 인생의 궁극적인 무대를 적대적으로 보거나 혹은 무관심으로 보지 않고, 은총이 넘치는 것으로 본다. 인생을 하나님과 관계를 맺게 하는 전체로서 보는 믿음이다.[20]

마틴 루터(Martin Luther)는 우리를 구원으로 인도하는 믿음은 '동의로서의 믿음'이 아니라 '신뢰로서의 믿음', '충실함으로서

19　Ibid., 57-59.
20　Ibid., 60-65.

의 믿음', '보는 방식으로서의 믿음'임을 주장하였다.[21] 마틴 루터의 십자가의 영성과 십자가의 신학은 바로 이 믿음 안에서 완성된다. 주님은 우리에게 다른 것이 아니라 바로 '믿음'을 요구하셨다. 믿음이 없는 제자들을 향해서 "믿음이 없고 패역한 세대여 내가 얼마나 너희와 함께 있으며 얼마나 너희에게 참으리요"(마 17:17)라고 책망하신 후에, "너희에게 믿음이 겨자씨 한 알 만큼만 있어도 이 산을 명하여 여기서 저기로 옮겨지라 하면 옮겨질 것이요 또 너희가 못할 것이 없으리라"(마 17:20)라고 말씀하셨다. 이 믿음의 유무가 주님 앞에서 우리를 진품과 짝퉁으로 나눠지게 한다.

3) '말씀'이 살아있는 교회 공동체

진품 교회는 '말씀'이 살아있는 교회 공동체이다. 빌라델비아 교회는 주님의 그 어떤 책망도 받지 않은 교회이다. 오히려 주님의 칭찬만 받은 교회이다. 주님은 그들의 무엇을 칭찬하셨는가? 바로 '말씀'이다. 그들은 다른 교회들에 비해서 비록 적은 능력을 지닌 공동체였지만 주님의 말씀을 끝까지 지키며 주님의 이름을 배반하지 않은 교회였다(계 3:9). 그래서 주님은 '네가 나의 인내의 말씀을 지켰은즉 내가 너를 지켜서 시험의 때를 면하게 해주

---

21 Ibid., 64, 65.

시겠다'는 약속을 하신다(계 3:10). 교회가 주님의 말씀을 지키지 못하고 빼앗기면 그때부터 짝퉁의 길을 가는 것이다.

사탄은 언제나 달콤한 유혹을 통해서 성도의 삶에서 '하나님의 말씀'을 빼앗아 가고자 공격한다. 사탄은 하와와 아담에게 하나님의 말씀으로 접근해서, 결국 하나님의 말씀을 빼앗아 갔다. 예수가 하나님의 아들로서의 공생애를 시작하시고자 하였을 때에도 사탄은 여지없이 접근해서 달콤한 유혹으로 주님의 말씀 사역을 무너뜨리고자 하였다. 40일을 굶주리신 주님께 찾아와서, 네가 정말로 하나님의 아들이라면 이 돌들로 떡덩이가 되게 하라고 유혹했다. 그때 주님께서 사탄을 어떻게 물리치셨는가? 바로 '말씀'으로 물리치셨다. "...사람이 떡으로만 살 것이 아니요 하나님의 입으로부터 나오는 모든 말씀으로 살 것이니라"(마 4:4). 사탄의 미혹과 유혹으로부터 하나님의 말씀을 빼앗기지 않는 교회가 '진품 교회'이다.

그래서 주님께서는 소아시아 일곱 교회들에 대한 메시지를 전하시면서 매 끝자락에서 반복적으로 "귀 있는 자는 성령이 교회들에게 하시는 말씀을 들을 지어다"(계 2:7, 11, 17, 29; 3:6, 13, 22)라고 선포하신다. 세상의 소리, 사람의 소리가 너무나 달콤하고 요란하다 보니 정작 들어야 할 주님의 소리를 듣지 못하고 있다. "양식이 없어 주림이 아니며 물이 없어 갈함이 아니요 여호와의 말씀을 듣지 못한 기갈이라"(암 8:11)라고 했다. 말씀을 듣지 못하면 영적인 기갈을 경험한다. 영혼을 소성케 하는 말씀을 들어야 건강한 믿음을 가질 수 있고, 건강한 믿음이 있어야 건강한 섬김이 있는 것이다. 말씀을 빼앗기면 모든 것을 빼앗기게 된다. 그래서 사탄은 우리에게서 말씀을 빼앗고자 언제나 말씀을 공격하고 말씀을 왜곡시킨다. 그 어느 때보다도 주님의 말씀을 정확히 들을 수 있는 영적 분별력을 가져야 한다.

누구보다도 교회를 사랑했던 하나님의 사람, 마틴 루터(Martin Luther, 1483-1546)는 종교개혁을 단행할 때 '바른 신학 교육 방법론'을 제시하며 '성서로 돌아가야 할 것'을 강력히 주장했다.[22] 감

---

22 신학 교육의 변화 없이 건강한 교회 변화가 이루어질 수 없다고 생각했다. 그래서 루터는 1539년 그의 독일어 서적 제1권 서문에서 자신의 개혁 사상의 핵심을 담고 있는 '바른 신학 교육 방법'을 제시한다. 그것은 바로 "Oratio, Meditatio, Tentatio"라는 세 개념으로 요약된다. 이것은 18세기 중엽까지 루터교 내의 신학함의 교본이 되었다. 초대에서 중세에 이르기까지 영적 성장을 위해서 사용해 왔던 'Lectio Divina'라는 성서 묵상 훈련 방법이 있었지만, 루터의 "Oratio, Meditatio, Tentatio"는 그 이전의 내용과는 전혀 다른 새로운 개념의 신학 교육 방법이었다. 하나님의 말씀으로서의 성서 연구를 신학함의 출발점으로 삼았던 루터의 세 가지 신학 방법을 살펴보자! 첫째로, 'Oratio'이다. '오라티오'의 뜻은 '기도'이다. 단순한 기도가 아니라, 성령의 조명을 받아 왜곡된 이성을 성화된 이성으로 변화시켜 달라고 구하는 기도이다. 둘째로, 'Meditatio'이다. 여기서 '메디타티오'란 일반적으로 이해하는 단순한 '묵상'이 아니다. 이것은 기도를 통해서 성령의 조명을 받은 사람이 자신의 계몽된 이성을 가지고 성서를 문법적으로, 그리고 내용적으로 주석하는 일련의 학문적 연구 과정을 의미한다. 이 과정을 통해서, 비로소 우리를 향한 '하나님의 뜻'이 무엇인지 밝혀진다. 셋째로, 'Tentatio'이다. 여기서 '텐타티오'는 성서 연구 과정을 통해서 알게 된 하나님의 뜻을 구체적인 삶의 자리에서 삶으로 살아내는 일련의 실존적 삶의 과정이다. 루터가 신학을 스콜라 신학자들과는 달리 단순한 '지혜'가 아니라, '경험의

리교의 창시자 존 웨슬리(John Wesley, 1703-1791)는 감리교 운동을 전개하면서 오직 '한 책의 사람'(homo unius libri)이고자 했다.[23] 그리고 칼 바르트(Karl Barth, 1886-1968)는 그의 명저 『로마서 주석』을 통해서 하나님과 인간의 질적 차이를 주장하면서, 하나님의 말씀의 가치를 새롭게 선포하였다. 이것은 자유주의 신학자들이 노는 놀이터에 핵폭탄을 터뜨린 것과 같은 엄청난 신학적 파장을 가져왔다.[24]

진품 교회는 성령이 교회들에게 하시는 주님의 말씀을 정확히 들을 수 있는 영적인 귀가 뚫린 교회이다. 그 귀가 없으면 모두 짝퉁 교회가 될 수밖에 없다.

지혜'(sapientia experimentalis)라고 정의한 것은 바로 이것 때문이다. 루터의 '십자가 신학'과 '십자가 영성'은 바로 여기서 나온 것이다.

23 감리교의 창시자, 존 웨슬리는 18세기 감리교 운동을 전개하면서 이렇게 설교했다. "나는 한 가지 사실, 곧 하늘로 가는 길을 알고 싶다. 그 행복한 항구에 어떻게 안착할 수 있을는지, 하나님 자신이 그 길을 가르치시려고 내려오셨다. 이 목적 때문에 그는 하늘에서 내려오셨다. 그는 그 길을 책에 기록하셨다. 그 책을 나에게 달라! 값에 구애 없이 하나님의 책을 나에게 달라! 나는 그것을 가지고 있다. 여기에는 나를 위해 충분한 지식이 담겨 있다. 나를 homo unius libri(한 책의 사람)가 되게 하라". Sermons, I, 31-32. 콜린 웰리엄스/이계준 옮김, 『존 웨슬리 신학』 (서울: 전망사, 1990), 23에서 재인용함.

24 스위스의 개혁 교회 목사이자 20세기의 대표적인 신학자인 칼 바르트는 성경을 윤리적 지침서 정도로 취급하는 자유주의 신학에 한계를 느끼며 그의 『로마서 주석』에서 'Gott ist Gott'(하나님은 하나님이시다)라고 주장한다. 하나님과 인간의 질적인 차이를 선언하며, 하나님의 말씀의 가치를 새롭게 천명하였다. 당시 로마 가톨릭 신학자 카를 아담은 '그가 자유주의 신학자들의 놀이터에 폭탄을 던졌다'고 말했을 정도로 그의 신학은 유럽 신학계에 큰 파장을 가져왔다.

4) '참회'가 살아있는 교회 공동체

주님이 기뻐하시는 진품 교회는 '참회'가 살아있는 교회 공동체이다. 성 어거스틴의 말처럼, 우리는 모두 '선에로의 경향성보다는 악에로의 경향성'이 더 큰 연약한 존재들이다. 주님께서 지상에서 공생애를 시작하시면서 말씀하신 첫 번째 메시지가 무엇인가? 바로 '참회하라 하나님의 나라가 가까이 왔다'는 것이다(마 4:17). 지상 교회는 천상 교회와는 달리 양과 염소, 알곡과 가라지가 여전히 공존하는 공동체이다. 무엇보다 지상 교회 현장은 성도를 무너뜨리고자 하는 사탄의 달콤한 미혹과 교활한 공격이 끊임없이 불화살처럼 날아드는 곳이다. 끊임없이 자신을 성찰하며 주님 앞에서 영적인 자기 혁신과 거룩한 자기 변화를 추구하지 않으면, 한순간에 모두가 짝퉁의 길을 걷게 된다. 그래서 주님은 소아시아 일곱 교회를 향하여 참회를 촉구하며 "성령이 교회들에게 하시는 말씀을 들을지어다"라고 말씀하신 것이다.

감리교의 창시자 존 웨슬리(John Wesley)는 '참회'를 '종교의 현관'으로 보았다. 참회가 없으면 진정한 의미의 기독교 신앙은 시작되지 않는다. 가톨릭의 칠성사 중의 하나인 '고해성사'에서 참회의 과정을 배울 필요가 있다. 그냥 단순히 나의 죄를 뉘우친다고 그것이 참회가 되는 것은 아니다. 참회의 4단계를 거쳐야 한다. 성찰(자신이 얼마나 끔찍한 피조물로 전락된 죄인인지를 자각하는 단계) → 통회(자신의 죄로 인해서 너무나 가슴 아파하며 옷을 찢는 것이 아니라 마음 찢는 단계) → 고백(자신의 죄를 거짓 없이 주님 앞에 입술로 고백하는 단계) → 보석(자신이 지은 죄에 대한 보상을 하는 단계). 진정한 참회는 이 네 단계가 있어야 한다. 성 어거스틴(St Augustine)은 참회는 빛에 등을 돌리고 살았던 우리가 실제로 빛이신 하나님께로 돌아서는 일이라고 보았다. 그럴 때 우리 안에 어둠이 사라지고 빛이 조명 되어지는 역사가 나타나게 되는 것이다. 참회가 살아있는 교회가 '진품 교회'이다.

첫사랑을 잃어버린 에베소 교회를 향하여는 회개하지 아니하면 촛대를 옮기시겠다고 했다(계 2:5). 발람과 니골라 당의 교훈을 따랐던 버가모 교회 성도들을 향하여서는 "회개하라 그리하지 아니하면 내가 네게 속히 가서 내 입의 검으로 그들과 싸우리라"(계 2:16)라고 말씀하셨다. 행음과 우상 숭배를 자행하는 두아디라 교회를 향하여서는 "회개하라 그렇지 아니하면 네 행위대로 갚아 주겠다"고 경고하셨다(계 2:22,23). 하나님 앞에서 그 어떤 행위의 온전함이 없었던 사데 교회를 향하여서는 회개하라 그렇지 아니하면 내가 도둑같이 임하리라(계 3:3)라고 말씀하셨다. 열정이 없는 라오디게아 교회를 향하여는 "책망하고 징계하노니 네가 열심을 내라 회개하라"라고 권면하셨다(계 3:19). 짝퉁 교회에는 참회가 없다. 왜냐하면 자신들이 언제나 옳다고 주장하기 때문이다. 그래서 진짜 짝퉁인 것이다.

5) '승리'가 살아있는 교회 공동체

주님이 원하시는 진품 교회는 '승리'가 살아있는 교회 공동체이다. 부활하신 주님으로 인해서 교회는 언제나 승리한다. 요한계시록 전체가 던져주는 가장 강력한 메시지는 주님의 교회는 반드시 모든 악과의 전쟁에서 '승리'한다는 것이다. 그 표상이 바로 이미 승리한 천상 교회이다. 그래서 일곱 교회를 향한 메시지 마지막마다 주님은 '이기는 자'에게 주시는 놀라운 축복을 약속하셨다. 그 축복은 생명나무, 생명의 관, 감추었던 만나와 흰 돌, 만국을 다스리는 권세와 새벽 별, 흰 옷과 생명책의 기록, 성전의 기둥과 새 예루살렘의 축복, 하늘 보좌의 축복이다. 여기서 '이기는 자'는 어떤 특정 개인을 칭하는 말이 아니라, 성령이 교회들에게 하시는 말씀을 듣고 행하는 성도들, 즉 영적 전쟁에 승리하게 될 교회를 가리키는 말이다.

하나님의 때가 되면 반드시 '악인'은 망하고 '의인'은 승한다. 이것은 기독교 경전 전체의 선언이다. 이 선언은 하나님의 공의로우심에 근거하고 있다. 공의로우신 하나님은 선과 악을 구별하시고, 악인과 의인을 구별하신다. 악인은 미워하지만, 의인은 사랑하신다. 진품 교회는 결코 무너지지 않는다. 부활하신 주님으로 인해서, 망하는 것 같지만 날마다 승리한다. 진품 교회는 '이기는 자들의 공동체'이다. 그래서 기독교 대한 감리회 신앙고백의 마지막 조항(8번)은 이렇게 기록하고 있다. "우리는 예수 그리스도의 재림과 심판, 우리의 몸의 부활과 영생 그리고 의의 최후 승리와 영원한 하나님 나라를 믿습니다. 아멘."[25]

그런데 신천지 이만희는 갑자기 '이긴 자'가 곧 자기 자신이라고 가르친다. 사도 요한과 일곱 교회에 보내진 사자들도 다 배도하였고, 오직 자기 자신만이 교회를 구원하기 위하여 하나님이 보내신 참목자 보혜사라는 것이다.[26] 오직 자신만이 '이긴 자'로 살아남았고, 자신을 중심으로 새로운 신천신지가 세워졌다는 것이다. 승리한 교회가 차지할 영광을 자신의 것이라고 주장하는 것이다. 요한계시록 2-3장에 등장하는 '일곱 교회'는 배도한 유재열 장막성전과 기성교회(음녀 바벨론)를 칭한다고 주장한다.

---

25 전명구/ 장정개정위원회 편집, 『기독교대한감리회 교회와 장점』 (서울: 기독교대한감리회 도서출판 Kmc, 2020), 54.
26 『천국의 비밀』 67.

그러나 이러한 주장은 다음과 같은 여러 가지 이유에서 잘못된 해석임을 쉽게 알 수 있다.

a. 계 2-3장의 일곱 교회가 다 타락하지 않았다는 것이다. 또 일곱 교회에 대한 주님의 칭찬도 함께 있었음을 알 수 있다.

   a) 에베소 교회에 대한 칭찬 - "또 네가 참고 내 이름을 위하여 견디고 게으르지 아니한 것을 아노라"(계 2:3).

   b) 버가모 교회에 대한 칭찬 - "…사탄이 사는 곳에서 죽임을 당할 때에도 나를 믿는 믿음을 저버리지 아니하였도다"(계 2:13).

   c) 서머나 교회에 대한 칭찬 - 교회 역시 사방의 박해와 핍박으로 인한 극심한 환난과 궁핍 가운데에서도 주님에 대한 믿음을 지켰고, 주님은 그들을 "실상은 네가 부요한 자"라고 칭찬하셨다(계 2:9).

   d) 빌라델비아 교회에 대한 칭찬 - "볼지어다 내가 네 앞에 열린 문을 두었으되 능히 닫을 사람이 없으리라 내가 네 행위를 아노니 네가 작은 능력을 가지고서도 내 말을 지키며 내 이름을 배반하지 아니하였도다"(계 3:8).

b. 일곱 교회 중에 말씀을 듣고 참회하여 돌아오는 성도들이 있었을 것이고, 실제로 그들 중에서 영적으로 '이긴 자들'이 있었을 것이다. 그런데 어떻게 일곱 교회 전체를 일곱 귀신(마귀)들

과 배교자들로 규정하고, 모두 음녀 바벨론으로 정죄하는가? 무슨 근거로 자신만이 '이긴 자'요, "예수 그리스도의 이름으로 보내주신 새로운 목자 보혜사임을 잊어서는 안 된다"고 주장하는가? 무슨 성경적, 신학적 근거를 가지고 있는가? 참으로 과대망상적 주장이 아닐 수 없다. 요한계시록의 첫 단추가 잘못 끼어지고 있는 것이다.

01 일곱 교회 메시지의 구조적 분석

일곱 교회를 향한 주님의 메시지는 '칭찬'과 '책망', 그리고 '명령'과 '약속'이라는 이중적 구조로 구성되어 있음을 알 수 있다. 아래의 도표로 정리하여 보았다.

교회	칭찬	책망	명령	약속
에베소	행위, 수고, 인내 악한 자 거부 거짓 사도(니골라당) 행위 폭로(계 2:2)	처음 사랑 버림(계 2:4)	1)회개, 처음 행위를 가지라(계 2:5) 2)귀 있는 자는 성령이 교회들에게 하시는 말씀을 들을지어다(계 2:7)	1)회개하지 아니하면 촛대를 옮기리라(계 2:5) 2)이기는 그에게는 내가 하나님의 낙원에 있는 생명나무의 열매를 주어 먹게 하리라(계 2:7)
서머나	환난, 궁핍 중 부요한 자, 사탄의 비방(계 2:9)		1)고난 받는 것 두려워말라! 죽도록 충성하라(계 2:10) 2)귀 있는 자는 성령이 교회들에게 하시는 말씀을 들을지어다(계 2:11)	1)생명의 면류관을 네게 주리라(계 2:10) 2)이기는 자는 둘째 사망의 해를 받지 아니하리라(계 2:11)

교회	칭찬	책망	권면	약속/경고
버가모	안디바의 순교에도 나를 믿는 믿음을 저버리지 않음(계 2:13)	발람/니골라당의 교훈을 따르는 자들(계 2:14-15)[27]	1)회개하라(계 2:16) 2)귀 있는 자는 성령이 교회들에게 하시는 말씀을 들을지어다(계 2:17)	1) 그렇지 않으면 내가 내 입의 검으로 그들과 싸우리라(계 2:16) 2) 이기는 그에게는 내가 감추었던 만나를 주고 또 흰 돌을 줄 것이다(계 2:17)
루아디라	사업, 사랑, 믿음, 섬김, 인내 인정, 네 나중 행위가 처음보다 많음(계 2:19)	이세벨을 용납, 행음, 우상 제물, 회개치 않음(계 2:20,21)	1)회개하라(계 2:21) 2)너희에게 있는 것을 내가 올 때까지 굳게 잡으라(계 2:25) 3)귀 있는 자는 성령이 교회들에게 하시는 말씀을 들을지어다(계 2:29)	1)각 사람의 행위대로 갚아 주리라(계 2:23) 2)이기는 자와 끝까지 내 일을 지키는 자에게 만국을 다스리는 권세, 새벽 별을 주리라(계 2:26,27)
사데	옷을 더럽히지 않은 몇 명(계 3:4)	살았다 하는 이름은 가졌으나 죽은 자(계 3:1)	1)회개하라!(계 3:3) 2)귀 있는 자는 성령이 교회들에게 하시는 말씀을 들을지어다!(계 3:6)	1)그렇지 않으면 내가 도둑같이 이르리라 (계 3:3) 2)이기는 자는 이와 같이 흰 옷을 입을 것이요, 그 이름이 생명책에 기록될 것이요, 천사들 앞에서 시인하리라 (계 3:5)
빌라델비아	작은 능력으로 말씀 준수, 주의 이름을 배반하지 않음(계 3:8)		1)네가 가진 것을 굳게 잡아 네 면류관을 빼앗지 못하게 하라 (계 3:11)	1)이기는 자는 하나님의 성전에 기둥이 되고, 새 예루살렘의 이름과 나의 새 이름을 그이 위에 기록하리라(계 3:12-13)

---

27 니골라 당의 활동은 에베소 교회와 버가모 교회에 국한에서 발생하였다. 그러나 신천지는 니골라 당 문제를 일곱 교회 전체의 문제로 확대해석하고, 그 실상을 '유재열 장막성전 해체'로 대입시킨다. 그대로 인용하면 다음과 같다. "그리스도의 강림을 위한 준비 제단으로 출발하여 자신들도 알지 못하는 가운데 니골라당의 교훈에 휘말려 하나님의 첫 사랑을 버린 첫 언약의 일곱 별들아!"(『천계』 p.50). "오늘날도 마찬가지다. 스스로 정통 신앙에 하나님이 세우신 교단임을 자칭하는 자들이 실상은 거짓된 복음 곧 이방의 비진리를 가지고 와서 1981년 9월 20일 14시에 이 예비 제단을 장악하고 백성들은 그들에게 붙인바 되어 한 때와 두 때와 반 때를 환난 속에서 고통받게 된다."(『천계』 p.51). 참으로 과대망상적(비성경적/비신학적) 해석이 아닐 수 없다.

라오디게아	미지근함, 부자로 자부하나 곤고하고, 가련하고, 가난하고, 눈 멀고, 벌거벗었다.(계 3:16,17)	1)열심을 내라 회개하라(계 3:19) 2)귀 있는 자는 성령이 교회들에게 하시는 말씀을 들을지어다 (계 3:22)	1)음성 듣고 문을 열면 그와 더불어 먹고 그는 나와 더불어 먹으리라(계 3:20) 2)이기는 자는 내 보좌에 앉게 하리라(계 3:21)	

1) 언약의 이중적 구조

하나님의 언약은 언제나 '이중적 구조'를 갖는다. 그것은 바로 '명령'과 '약속'이다. "...이렇게 이렇게 하라!"(명령) → "그러면 내가 .... 이렇게 이렇게 하리라", 혹은 "그렇지 않으면 내가 .... 이렇게 이렇게 하리라"(약속). 하나님의 '명령'에 대한 우리의 반응에 따라 축복과 심판의 '약속'이 주어진다. 에베소 교회를 향한 주님의 '명령'은 '처음 행위를 가지라'(계 2:5)는 것이다. '약속'은 무엇인가? 그렇지 않으면, '내가 촛대를 옮기리라'(계 2:5)는 것이다. 서머나 교회를 향한 주님의 '명령'은 '고난 받는 것을 두려워말라. 죽도록 충성하라'(계 2:10)는 것이다. '약속'은 무엇인가? '생명의 면류관을 네게 주리라'(계 2:10)라는 것이다. 이처럼 일곱 교회를 향한 주님의 메시지는 '명령'과 '약속'이라는 이중적 구조로 구성되어 있음을 알 수 있다.

조직신학에서는 '명령'의 말씀을 '행위 언약'이라고 칭하고, '약속'의 말씀을 '은혜 언약'이라고 칭한다. 은혜 언약은 행위 언약의 결과로 주어지는 것이다. 은혜 언약을 붙잡고 사는 것도 중요하지만 그것보다 더 중요한 것은 행위 언약을 붙잡고 사는 것이다. 우리를 향한 주님의 '명령'을 지키지 않는다면, 우리를 향한 주님의 '약속'은 절대로 성취되지 않을 것이다.

창세기 12장에 보면, 데라가 죽은 이후 하나님이 아브람을 부르시는 장면이 나온다. "여호와께서 아브람에게 이르시되 너는 너의 고향과 친척과 아버지의 집을 떠나 내가 네게 보여 줄 땅으로 가라 내가 너로 큰 민족을 이루고 네게 복을 주어 네 이름을 창대하게 하리니 너는 복이 될지라 너를 축복하는 자에게는 내가 복을 내리고 너를 저주하는 자에게는 내가 저주하리니 땅의 모든 족속이 너로 말미암아 복을 얻을 것이라 하신지라"(창 12:1-3). 이 말씀도 '명령'과 '약속'의 이중적 구조로 구성되어 있음을 알 수 있다. 아브람을 향한 '명령'은 무엇인가? "...내가 네게 보여 줄 땅으로 가라"(창 12:1)라는 것이다. 그렇다면, 아브람을 향한 '약속'은 무엇인가? "내가 너로 큰 민족을 이루고 네게 복을 주어 네 이름을 창대하게 하리니 너는 복이 될지라"(창 12:2)라는 것이다. '큰 민족'을 이루고, '이름이 창대'케 되고, '복'이 되는 '약속'은 아브람이 자신을 향한 하나님의 '명령'을 지킬 때 주어지는 축복이다.

하나님은 우리에게 언제나 '명령'만을 내리시지 않으신다. 동시에 '명령'을 지킬 때 주어지는 축복인 '약속'도 말씀하신다. 많은 성도들이 말씀 중심의 삶을 산다고 하면서도, '명령'은 부담스러워서 묵상하지 않고, '약속'만 붙잡고 사는 경우들이 있다. 참으로 안타까운 일이다. 아무리 부담스러워도 나를 향한, 우리를 향한 하나님의 '명령'을 따라 순종할 때 하나님의 '약속'이 성취되는 것이다. 이것은 불변하는 영적인 원리이다. 그래서 말씀의 능력이 실제로 나타나는 곳에는 언제나 하나님의 '명령'을 붙잡고, 그 '명령'을 따라 순종하며 나아가는 삶이 자리하고 있다.

2) '약속'과 '성취'의 공식 - '이기는 자'에게 주는 '약속'(계 2-3장)과 '성취'(계 21-22장)

주님의 '약속'은 공수표가 없다. 요한계시록에 계시된 '이기는 자'들을 향한 주님의 '약속'은 주님의 교회가 완성되는 새 하늘과 새 땅이 도래할 때 반드시 '성취'된다. 그 사실을 아래 도표에서 확인할 수 있다.

'이기는 자'의 약속 (2-3장)	약속의 성취 (21-22장)
하나님의 낙원에 있는 생명나무의 열매를 주어 먹게 하리라(2:7)	강 좌우에 생명나무가 있어 열두 가지 열매를 맺되 달마다 그 열매를 맺고(22:2); 자기 두루마기를 빠는 자들은 복이 있으니 이는 그들이 생명나무에 나아가며(22:14)
둘째 사망에 의해 해를 받지 아니하리라(2:11)	둘째 사망이 그들을 다스리는 권세가 없고(20:6); 다시는 사망이 없고(21:4)
그 돌 위에 새 이름을 기록한 것이 있나니(2:17)	그의 이름도 그들의 이마에 있으리라(22:4)
내가 또 그에게 새벽 별을 주리라(2:28)	나는 다윗의 뿌리요 자손이니 곧 광명한 새벽 별이라 하시더라(22:16)
이기는 자는 이와 같이 흰 옷을 입을 것이요(3:5)	자기 두루마기를 빠는 자들은 복이 있으니 이는 그들이 생명나무에 나아가며(22:14)
이기는 자는 내 하나님 성전에 기둥이 되게 하리니(3:12a)	이는 주 하나님 곧 전능하신 이와 및 어린 양이 그 성전이심이라(21:22)
이기는 그에게는 내가 내 보좌에 함께 앉게 하여 주기를 내가 이기고 아버지 보좌에 함께 앉은 것과 같이 하리라(3:21)	하나님과 그 어린 양의 보좌가 그 가운데에 있으리니(22:3); 주 하나님이 그들에게 비치심이라 그들이 세세토록 왕 노릇 하리로다(22:5)
'이기는 자' (2-3장)	이기는 자는 이것들을 상속으로 받으리라 나는 그의 하나님이 되고 그는 내 아들이 되리라(21:7)

'이기는 자'는 복합 단수 명사이다. '이기는 자'='호 니콘(ὁ νικῶν)'은 '승리하다'란 뜻의 '니카오'(νικάω)의 현재 분사 '니콘'(νικῶν)에 정관사 '호'(ὁ)가 붙어서 '승리하고 있는 자들'이란 뜻을 나타낸다. '이기는 자'는 어떤 특정 개인을 칭하는 말이 아니라, 성령이 교회들에게 하시는 말씀을 듣고 행하는 성도들, 즉 영적 전쟁에서 승리하게 될 교회를 칭하는 말이다. 그래서 요한

계시록 2-3장에서 약속한 '이기는 자'에 관한 기록은 4장 이후에서 '이기는 자'들의 영적 전쟁에 관한 말씀들로 이어진다. 특별히 21-22장에서는 '이기는 자'(계 21:7)에 대한 '약속'이 종말론적 교회의 완성 차원에서 실제로 '성취'되는 것을 볼 수 있다.

3부

천상 교회와 어린 양
(4-5장)

요한계시록의 교회론은 땅과 하늘, 지상과 천상의 이원론을 극복한다. 교회는 땅에만 존재하지 않는다. 하늘에도 존재한다. '아직' 전투하는 교회로서 지상 교회는 '이미' 승리한 교회로서 천상 교회와 긴밀한 영적 관계를 갖는다. 성 어거스틴(St, Augustine)이 그의 『신국론』에서 말했던 하나님의 도성으로서의 천상 교회는 지상 교회의 표상이 될 뿐 아니라 실제적 영광이고 구원의 능력이 된다. 물론 어거스틴은 '사랑(amor)'의 관점에서 '하나님의 도성'과 '지상의 도성'을 구분한다. 하나님을 사모하는 사랑은 '하나님의 도성'을 만들지만, 하나님을 경시하는 자기 사랑은 '지상의 도성'을 만든다고 주장한다.[28]

이것은 어거스틴의 역사의식을 잘 반영해 준다. 어거스틴은 낙원(에덴동산)으로부터 추방된 인류의 역사를 '하나님의 도성'과 '지상의 도성', 즉 신앙과 불신앙, 하나님 사랑과 자기 사랑이 상호 교차하며 변증법적 대립과 긴장 관계 속에서 진행되는 역사로 보았다.[29] 이것을 요한계시록의 교회론적 차원에서 해석한다면, 전투하는 교회로서의 지상 교회의 모습을 두 도성의 모습을

---

28 선한용, 『시간과 영원: 성 어거스틴에 있어서』 (서울: 성광문화사, 1986), 144-146. "따라서 두 종류의 사랑은 두 종류의 도성(사회)을 만든다. 즉 하나님을 무시하고 자신을 추구하는 사랑은 '지상의 도성'을 만들고 자신을 무시하고 하나님을 사모하는 사랑은 '하나님의 도성'을 만든다."(De civ. Dei., XIV, 28).
29 Ibid., 146.

통해서 그려낸 것이라고 할 수 있다. 그러나 요한계시록이 기록하고 있는 천상 교회는 영적 전쟁에서 이미 승리한 교회로서 하나님을 끝까지 뜨겁게 사랑했던 순전한 성도들의 공동체이다. 비록 아직 실현되지 않은 현실 속에 자리하고 있지만, 하나님을 사랑하는 이 땅의 신실한 성도는 지상의 영적 가족이면서 동시에 천상의 하늘 가족인 것이다.

요한계시록 2-3장에 계시된 일곱 교회는 지상 교회의 땅의 가족들을 대표한다. 성령이 선포하는 일곱 교회를 향한 일곱 메시지를 듣고 참회하며 영적 전쟁에서 승리하는 지상 교회의 성도들에게는 천상 교회의 보좌에 앉게 되는 영광이 약속된다. 그 사실을 3장 마지막 부분에서 주님은 이렇게 약속하신다. "이기는 그에게는 내가 내 보좌에 함께 앉게 하여 주기를 내가 이기고 아버지 보좌에 함께 앉은 것과 같이 하리라"(계 3:21). 천상 교회의 하늘 보좌는 미래의 영적 전쟁에서 승리할 성도들이 앉게 될 영광스러운 자리일 뿐 아니라, 이미 승리한 성도들과 승리하신 주님이 앉아있는 영화로운 자리이다.

요한계시록 4장과 5장은 그 천상 교회의 하늘 보좌에서 어떤 일들이 일어나고 있는지를 잘 계시해주는 놀라운 말씀이다. 요한이 하늘에 열린 문을 통해서 천상 교회의 하늘 보좌를 바라볼 때, 성부, 성자, 성령 삼위일체 하나님의 영광과 사역이 천상 교회 성도들의 찬양과 경배를 통해서 전개된다.

요한계시록 4장에는 만물을 지으신 창조주 하나님께서 보좌에 앉아계시고, 그 둘레에 있는 24보좌들 위에 24장로들이 흰 옷을 입고 머리에는 금관을 쓰고 앉아있는 모습이 기록되어 있다. 여기서 24장로들은 누구를 상징하는가? 한 마디로 24장로들은 하나님의 백성들을 대표하는 교회 공동체와 지상 교회의 천상적 대표자들을 상징한다. 요한계시록에서 12라는 숫자는 하나님의 백성을 나타내는 숫자이다. 교회 공동체를 상징하는 새 예루살렘을 표현할 때 열두 문에 새겨진 열두 지파의 이름과 열두 기초석에 새겨진 열두 사도의 이름을 통해서 알 수 있다(계 21:12-14). 24장로들은 12+12로서 두 백성을 의미한다. 그들은 약속으로서의 구약의 백성들과 성취로서의 신약의 백성들이다. 그들이 '흰 옷을 입고 보좌에 앉아 금관을 쓰고 있다'는 것은 그들의 자격과 특권을 나타내는 것이다. 요한계시록에서 '흰 옷'은 더럽힘을 당하지 않고 영적 전쟁에서 승리한 이긴 자들이 입는 옷을 상징한다. '보좌'와 '금관'은 왕적 제사장적 지위를 상징한다. 24보좌 위의 24장로들은 역대상 24:1-19절에 기록된 제사장들의 24반차들과 그 궤를 같이한다. 그들 모두 천상 교회에서 제사장적 직무를 수행한다.

그러나 신천지 이만희는 요한계시록이 증거하는 천상 교회를 이 땅에 세워지는 둘째 장막의 하늘 보좌라고 주장한다. 자신이 새 하늘 곧 구원자인 새 목자라고 주장하며, 자신을 중심으로 이 땅에 보좌 조직을 구성하여 신천신지의 새 질서의 나라를 창설해 나가자는 허무맹랑한 주장을 한다.[30]

요한계시록 4장이 하늘 보좌에 앉으신 창조주 하나님과 천상 교회의 모습을 보여준다면, 요한계시록 5장은 교회의 머리가 되시는 어린 양 예수 그리스도와 그분의 영적 권위에 관하여 계시한다. 오직 어린 양 예수 그리스도만이 천상 교회 보좌에 앉으신 이의 오른손에 있는 봉인된 말씀의 두루마리를 풀 수 있는 유일한 분이라는 것이다. 우리의 죄와 허물을 사하여 주시기 위해서 친히 죽임 당한 고난의 어린 양으로 오신 예수 그리스도만이 두루마리의 인봉을 뗄 수 있는 유일한 분이심을 증거하고 있다. 장

---

30   Ibid., 75.

로 중 한 사람이 유대 지파의 사자 다윗의 뿌리가 이겼으니 그 두루마리와 그 일곱 인을 떼시리라고 말한다(계 5:5). 그리고 5장 마지막 결론 부분에서 보좌와 모든 피조물들의 대표자들을 상징하는 네 생물들과 24장로들을 둘러선 만만 천천의 천사들이 어린 양을 찬양한다. "큰 음성으로 이르되 죽임을 당하신 어린 양은 능력과 부와 지혜와 힘과 존귀와 영광과 찬송을 받으시기에 합당하도다"(계 5:12).

네 생물들과 24장로들, 그리고 천사들의 어린 양을 향한 찬양을 통해서 '십자가 영성'의 가치와 '십자가 공동체'의 중요성을 새롭게 깨닫게 된다. 죽임 당하는 고난의 자리 없이는 다시 살아나는 부활의 영광도 없다. 종교개혁자 마틴 루터(Martin Luther)는 『하이델베르크 논제』에서 '영광의 신학'(theologia gloriae)을 비판하면서, '십자가의 신학'(theologia crucis)을 주장한다.[31] 루터는 참된 신학은 십자가에 달리신 예수 그리스도를 통해서 하나님을 인식하고자 하는 신학이라고 정의한다. 루터의 십자가 신학은 두 가지 특징을 지닌다. 하나는 '십자가' 자체가 신학의 중요한 내용이

---

31 "21. 영광의 신학자는 악한 것을 선하다고 말하고 선한 것을 악하다고 말한다. 그러나 십자가의 신학자는 사실 그대로를 말한다." 또한 루터는 말한다. "24. 그러나 이 율법은 나쁜 지혜라거나 피해야 하는 것이 아니라, 사람은 십자가의 신학 없이는 가장 좋은 것을 가장 나쁜 것으로 잘못 사용한다는 것이다." Martin Luther, *Studienausgabe*, Band 1, hg. von Hans-Ulrich Delius (Berlin: *Evangelische Verlagsanstalt*, 1979), 207-210.

라는 것이고, 또 하나는 신학하는 자는 '십자가의 고난' 속으로 들어가야 한다는 것이다. 그러므로 십자가의 신학은 이론과 삶이 분리되는 이원론적 신학이나 사변적 신학이 아닌 '삶의 신학' 혹은 '실존의 신학'이라고 말할 수 있다.

반면 중세 스콜라 신학(당시 가톨릭 신학을 대변하는 신학)을 대변하는 '영광의 신학'은 십자가에 달리신 예수 그리스도를 통해서 하나님을 인식하지 않았다. 사변적인 차원에서 십자가 대신에 영광을, 약함보다는 강함을, 어리석음보다는 지혜를 더 추구하였다. 종국에는 십자가와 고난의 삶을 싫어하고, 영광과 지혜와 명예와 권세만을 사랑하게 되었다.[32] 루터는 이런 '영광의 신학자'를 "그리스도의 십자가의 적"(Inimicos crucis Christi)이라고 칭하였다. 루터는 스콜라 신학의 질문인 '신학이 학문인가 지혜인가?'라는 질문에 신학을 그냥 '지혜'라고 말하지 않고 '경험의 지혜'(sapientia experimentalis)라고 말하였다. 여기서 지혜는 학문과 삶을 포괄하는 지혜이다. 지혜 또한 단순히 인간이 행하는 모든 경험을 통칭하는 것이 아니라, 하나님의 말씀 안에서, 하나님의

---

32 루터는 그의 개혁의 도화선에 불을 붙이기 전인 1513-15년에 있었던 그의 첫 번째 『시편 강해(Dictata super Psalterium)』에서 하늘에 이르고자 하는 교만한 신학자를 사탄적인 선생이라고 불렀다. 또한 1515-1516년에 행했던 『로마서 강해』에서 스콜라 신학자들을 "그리스도의 십자가의 적"이라고 비판하였다.

말씀을 통해서 주어지는 영적 경험을 말한다. 이 경험은 우리를 십자가의 구체적인 삶 속으로 인도해 준다. 이런 의미에서 루터의 신학은 사변적 신학이 아니라, 실존적 신학인 것이다.

루터는 십자가의 신학을 자신의 삶을 통해서 살아낸 인물이었다. 그의 종교개혁 운동은 시종일관 그의 십자가의 신학을 통해서 시작되었고, 십자가의 신학을 배경으로 전개되었다. 수많은 오해를 가져왔던 루터의 '오직 믿음으로만'(sola fide)은 그의 십자가의 신학을 깊이 있게 성찰할 때 비로소 그 감추어진 의미가 드러난다.

진품 신앙과 짝퉁 신앙이 여기서 갈라진다. 문선명은 통일교 원리강론에서 어린 양 예수의 고난의 사역을 철저하게 부정한다. 예수가 십자가에 달려 죽으신 것은 유대인의 저항과 사탄에 의해 그의 육신이 침범을 당해서 살해당한 것이라고 주장한다.[33] 십자가의 영성 자체를 완전히 부정하는 것이다. 그래서 초림 예수의 구원 사역은 실패하였고, 자신이 재림 주로 와서 구원을 완성하게 되었다고 주장한다. 그러나 이 말씀을 기억하자! "십자가의 도가 멸망하는 자들에게는 미련한 것이요 구원을 받는 우리

---

33 『원리강론』 71, 216.

에게는 하나님의 능력이라"(고전 1:18).

4부

세 가지 심판과 교회의 영적 전쟁(6-16장)

01 요한계시록의 시제

요한계시록을 시제의 관점에서 보면, 주님께서 사도 요한에게 보여주신 하나님의 말씀(계 1:19)을 크게 두 가지 차원에서 요약할 수 있다. 하나는 현재의 시점이다. 현재 '지상 교회와 천상 교회에서 일어나고 있는 일들'에 관한 메시지이다. 지상 교회를 위한 메시지(2-3장)와 천상 교회의 하늘 보좌에서 일어나고 있는 일들에 관한 계시의 말씀들이다. 또 하나는 미래의 시점이다. '지상 교회와 천상 교회에 장차 일어날 일들'에 관한 말씀들이다. 하나님의 심판-일곱 인, 일곱 나팔, 일곱 대접(6-16장)-과 함께 시작되는 대환난(6-16장)과 교회(지상과 천상)의 영적 전쟁(12-14장), 그리고 바벨론의 멸망과 천상 교회의 승리 찬양(17-19장)과 천년 왕국과 교회(지상과 천상)의 완성(20-22장)이다.

그런데 요한계시록을 묵상하면서 대부분의 학자들이 놓치고 있는 부분은 이것이다. 계시를 받은 요한의 시점에서는 그것이 '현재 일'과 '장차 될 일'로 구분할 수 있지만, 오늘 우리의 시점에서는 몇 가지 시제가 가능하다는 것이다. 첫째로, '현재 일'이었던 것이 '과거 일' 일 수 있고, '장차 될 일'이 지금 '현재 진행 중인 일' 일 수 있다는 것이다. 둘째로, '현재 일'이 아직도 '진행 중인 현재 일' 일 수 있고, '장차 될 일'이 아직도 '미래의 일' 일 수 있다는 것이다. 여기까지는 시간의 이해를 과거에서 출발해서 현재를 거쳐 미래로 나아가는 '크로노스(chronos)의 시간의 관점에서 해석하는 계시의 시제이다.

그러나 이미 성찰했던 것처럼, '카이로스'(kairos)의 시간의 관점, 즉 선취된 하나님의 미래가 우리에게 찾아오는 '시간의 선취'의 차원에서 생각하면, '현재의 일'과 '장차 될 일'을 구분하는 것 자체가 무의미해진다. 우리의 시간의 관점에서는 과거와 현재와 미래가 구분되지만, 하나님의 시간의 관점에서는 그런 구분들이 무의미해지기 때문이다. 하나님은 과거 일의 현재, 현재 일의 현재, 미래 일의 현재로 현존하시는 분이시다. 하나님은 모든 시간 속에서 현재로 현존하시는 '알파와 오메가, 처음과 나중이 되시는 분'(τὸ ἄλφα καὶ τὸ ὦ; I am the Alpha and the Omega)이시다.

기독교 경전은 그 하나님을 이렇게 기록하고 있다.

"이 일을 누가 행하였느냐 누가 이루었느냐 누가 처음부터 만대를 불러내었느냐 나 여호와라 처음에도 나요 나중 있을 자에게도 내가 곧 그니라"(사 41:4).

"이스라엘의 왕인 여호와, 이스라엘의 구원자인 만군의 여호와가 이같이 말하노라 나는 처음이요 나는 마지막이라 나 외에 다른 신이 없느니라"(사 44:6).

"주 하나님이 이르시되 나는 알파와 오메가라 이제도 있고 전에도 있었고 장차 올 자요 전능한 자라 하시더라"(계 1:8).

"또 내게 말씀하시되 이루었도다 나는 알파와 오메가요 처음과 마지막이라 내가 생명수 샘물을 목마른 자에게 값없이 주리니"(계 21:6).

"나는 알파와 오메가요 처음과 마지막이요 시작과 마침이라"(계 22:13).

우리가 하나님을 이렇게 이해한다면, 계시의 말씀 앞에서 우리의 삶에는 많은 변화가 나타날 수 있다. 가장 큰 변화는 미래에 대한 두려움과 공포로부터 자유로워 질 수 있다는 것이다. 오히려 장차 될 일들을 희망과 설렘으로 맞이할 수 있다. 하나님의 계시의 말씀은 하나님의 가장 아름다운 모습으로 이미 '선취된 말씀들'이기 때문이다. 또 하나는 모든 하나님의 말씀을 시간과 공간을 초월해서 언제나 현재성을 지닌 살아있는 생명의 말씀으로 받아들일 수 있다는 것이다. 모든 시간 속에 현재로 현존하시는 하나님의 일하심의 역사를 보면, 계시의 말씀은 언제나 '영원한 현재성'을 지니고 있기 때문이다. 우리의 시간에서 하나님의 창조의 사건을 '원창조', '현재적 창조', '창조적 완성'으로 구분하지만, 사실 하나님의 시간에서 그분의 창조는 이미 완성된 창조의 사건이다.

그래서 누가복음 17장에 보면, 바리새인들이 하나님의 나라가 어느 때에 임하느냐고 주님께 묻는데(눅 17:20), 그들을 향해서 주님은 이렇게 말씀하셨다. "…예수께서 대답하여 이르시되 하나님의 나라는 볼 수 있게 임하는 것이 아니요 또 여기 있다 저기 있다고도 못하리니 하나님의 나라는 너희 안에 있느니라"(눅 17:20,21). 바로 하나님의 나라의 현재성이다. 그러므로 누군가 두려움과 공포를 앞세워 어느 특정 미래의 시점에서 '하나님의 나라'가 도래한다고 주장한다면, 그들은 모두 짝퉁인 것이다.[34]

---

[34] 한국의 주요 기독교 사이비 이단 단체들은 크게 세 부류로 나눠진다. 첫째는 신비주의 계열이다. 성락교회(베뢰아카데미) 분파, 신유 중심 및 신비주의 기도원 분파, 직통 계시파, 전도관 분파, 장막성전 분파, 통일교 분파이다. 둘째는 종말론 계열이다. 여호와새일교 분파(새일중앙교회, 스룹바벨교회, 서울중앙교회, 예루살렘교회, 한국중앙교회, 시온산), 시한부종말로 분파(새하늘교회/다미선교회, 사자교회/빛의 소리 세계선교회, 강림휴거교회, 신세계교회, 생명수선교회, 새생명교회, 시흥은행중앙교회, 새노래선교회, 세계종말복음선교회, 종말복음연구회, 혜성교회, 기독교대한에덴수도원). 셋째는 해외 유입 신흥 종파 계열이다. 안식교 분파, 몰몬교 분파, 일본 유입분파, 세칭구원파). 자세한 내용을 위해서는 다음의 책을 참고하라! 『한국의 종교 단체 실태 개요』(국제종교문제연구소/월간 현대종교사, 2004. 9).

02 일곱 인 심판
(6:1-8:5)

1) 하나님의 심판

요한계시록을 묵상할 때 성도들이 느끼는 두려움은 바로 하나님의 심판에 대한 두려움이다. 그러나 요한계시록의 말씀을 자세히 묵상해 보면, 하나님의 심판은 결코 성도들에게 두려움과 공포의 사건이 아니다. 오히려 지상 교회 성도들의 영적 승리를 나타내는 구원과 승리의 사건이다.

요한계시록에서 전개되는 하나님의 심판은 천상 교회 하늘 보좌에 앉아있는 순교자들의 간절한 탄원과 중보기도로 시작된다. "큰 소리로 불러 이르되 거룩하고 참되신 대주재여 땅에 거하는 자들을 심판하여 우리 피를 갚아 주지 아니하시기를 어느 때까지 하시려 하나이까 하니"(계 6:10). 하나님의 심판은 의롭고 순결한 자들의 부르짖는 기도에 대한 하나님의 공의로우신 응답의 사건이다. 그것은 불의한 자들을 멸하시고, 의로운 자들을 세워 주시는 구원의 사건이다.

이러한 관점에서 하나님의 심판을 이해한다면, 요한계시록은 악한 세대들의 박해와 억압 속에서 고통과 고난을 겪으며 신앙 생활을 하고 있는 지상 교회 성도들에게 너무도 큰 희망과 용기와 위로를 주는 생명의 말씀인 것이다. 하나님의 심판은 언제나 그분의 공의와 사랑을 근거로 하고 있다. 누군가 요한계시록의 심판의 메시지를 왜곡해서 성도들을 위협하고 두려움과 공포에 떨게 한다면, 바로 그 사람이 짝퉁인 것이다.

2) 심판의 주권

요한계시록 6장에서 16장까지는 하나님의 놀라운 세 가지 심판의 메시지가 전개된다. 일곱 인들(6-8장), 일곱 나팔들(8-11장), 일곱 대접들(15-16장)을 통한 심판이 그것이다. 인봉된 말씀의 두루마리에는 요한계시록 6장부터 전개되는 '심판의 메시지'가 담겨 있다. 이러한 심판의 메시지는 두루마리에 봉인된 일곱 인을 떼면서부터 시작된다.

그렇다면, 누가 그 심판의 두루마리에 봉인된 일곱 인을 떼는가? 그분은 어린 양 예수 그리스도이시다. 심판의 주권이 교회의 머리가 되시는 예수 그리스도에게 있음을 나타낸 것이다. 오직 어린 양 예수 그리스도만이 천상 교회 보좌에 앉으신 이의 오른손에 있는 봉인된 말씀의 두루마리를 풀 수 있는 유일한 분이시라는 것이다. 우리의 죄와 허물을 사하여 주시기 위해서 친히 고난의 어린 양으로 오신 예수 그리스도만이 두루마리의 인봉을 뗄 수 있는 유일한 분이심을 증거하고 있다. 장로 중 한 사람이 유대 지파의 사자 다윗의 뿌리가 이겼으니 그 두루마리와 그 일곱 인을 떼시리라고 말한다(계 5:5).

요한계시록 6장 1절에서 그 사실을 이렇게 기록하고 있다.

"내가 보매 어린 양이 일곱 인 중의 하나를 떼시는데 그 때에 내가 들으니 네 생물 중의 하나가 우렛소리 같이 말하되 오라 하기로."

그리고 5장 마지막 결론 부분에서 보좌와 모든 피조물들의 대표자들을 상징하는 네 생물들과 24장로들을 둘러선 만만 천천의 천사들이 어린 양을 찬양한다.

"큰 음성으로 이르되 죽임을 당하신 어린 양은 능력과 부와 지혜와 힘과 존귀와 영광과 찬송을 받으시기에 합당하도다"(계 5:12).

주님이 인을 떼실 때 처음 네 마리의 말과 그 말을 탄 자들이 등장한다. 이는 스가랴(1장과 6장)에 등장하는 천상 교회에서 나와서 땅을 살피기 위해서 부름받은 하나님의 메신저들을 상징한다. 한쪽에서는 죽음의 심판이 진행된다. 그러나 또 한쪽에서는 구원의 놀라운 사건이 진행된다.

3) 인침의 의미

인침을 받은 14만 4천명에겐 하나님의 심판은 두려움과 파멸의 시간이 아니라, 기쁨과 구원의 시간이다. 인침을 받는다는 것은 무엇을 의미하는가? 당시 소유권을 상징할 때 이마나 손에 주인의 이름을 새겨 넣는 관습이 있었다. 인은 하나님께 속한 하나님의 자녀를 상징하는 것이다. 그러므로 인침을 받는다는 것은 하나님께 속한 것이 되었다는 것을 의미한다.

에스겔 9장에 하나님의 심판이 임할 때 이마에 인을 맞은 자는 구원해 준 기록이 있다.

"여호와께서 이르시되 너는 예루살렘 성읍 중에 순행하여 그 가운데에서 행하는 모든 가증한 일로 말미암아 탄식하며 우는 자의 이마에 표를 그리라 하시고 그들에 대하여 내 귀에 이르시되 너희는 그를 따라 성읍 중에 다니며 불쌍히 여기지 말며 긍휼을 베풀지 말고 쳐서 늙은 자와 젊은 자와 처녀와 어린이와 여자를 다 죽이되 이마에 표 있는 자에게는 가까이 하지 말라 내 성소에서 시작할지니라 하시매 그들이 성전 앞에 있는 늙은 자들로부터 시작하더라"(겔 9:4-6).

이스라엘의 출애굽의 역사를 이루시면서 하나님은 애굽에 10가지 재앙을 내리신다. 요한계시록에서 전개되고 있는 세 가지의 심판은 출애굽 당시 이집트에 내려졌던 재앙들과 그 영적 궤를 같이 한다고 볼 수 있다. 특별히 하나님께 속한 자임을 표시하기 위해서 흠 없는 1년 된 어린 양의 피를 집 좌우 문설주와 인방에 바르게 하고, 그 피가 표적이 되어서, 하나님이 전 이집트의 모든 사람과 짐승의 처음 난 것들을 치실 때에 그들에게 속한 것들은 모두 '유월(Passover)'하게 하셨다. 신약의 입장에서 보면, 그 피가 무엇인가? 바로 예수 그리스도의 십자가의 보혈의 피이다. 14만 4천명은 그 피로 구속함을 받은 성도들을 상징한다. 사도 바울은 그것을 '성령의 세례'로 증거 한다.

"그 안에서 너희도 진리의 말씀 곧 너희의 구원의 복음을 듣고 그 안에서 또한 믿어 약속의 성령으로 인치심을 받았으니"(엡 1:13).

그러므로 이스라엘의 각 지파 중에서 인침을 받은 자의 숫자 14만 4천명(계 7:4)은 바로 성령의 능력 안에서 예수 그리스도의 구속의 피로 죄 사함을 받은 하나님의 백성들, 즉 지상에 있는 교회 공동체를 상징하는 말이다.[35]

일반적으로 학자들은 14만 4천명을 이스라엘의 12지파와 예수님의 12제자를 곱한 144에, 유대 문화와 전통에서 축복의 완전성을 상징할 때 사용하는 숫자 1,000을 곱한 숫자로 해석한다. 신명기가 말하는 천 배의 축복(신 1:11)과 천 대의 은혜(신 5:10)가 바로 그것이다. 문자적인 의미로 인침을 받은 이스라엘의 각 지파의 14만 4천명을 숫자대로 그대로 이해할 수도 있지만, 이것은 혈통적 차원의 이스라엘의 구원받은 지파들의 숫자만을 의미하는 것은 아니라, 구원받은 하나님의 백성을 상징하는 숫자이다. 천재적인 조직신학자 위르겐 몰트만은 기독교 교회 공동체를 "성령의 능력 안에 있는 교회"로 보았다. 14만 4천명은 성령의 능력 안에서 거듭난 구원받은 하나님의 백성을 통칭하는 것이다.

---

35 IEBR., 202.

14만 4천명이라는 숫자를 문자적으로 해석하면 큰 오해를 가져온다. 그것은 하나님의 영이시며, 동시에 그리스도의 영이신 성령의 일하심의 역사를 부정하는 결과를 초래하게 될 것이다.

4) 고통의 의미

요한계시록이 말하는 하나님의 심판의 관점에서 본다면, 오늘 우리가 당하는 고통은 적어도 두 가지 종류의 고통이 있을 수 있다.

(1) 죄인의 고통

죄인의 고통은 하나님의 심판으로 인해 악한 세상이 당하는 고통이다. 일곱 인들이 떼어지면서 당하는 고통은 살인과 큰 칼과 흉년과 사망의 고통이다. 기독교 영성가 C.S 루이스가 『고통의 문제』란 책에서 말한 고통이 바로 이 고통을 의미한다. 하나님은 전능하시고, 선하시고 사랑이 많으신 분이신데 왜 인간의 삶에는 고통이 있는가? C.S 루이스는 하나님의 사랑과 인간의 고통의 의미를 조화롭게 설명한다. 인간이 겪는 고통은 본래 하나님이 기쁨으로 용인하시는 것이 아니다. 하나님께서 인간을 사랑하시기에, 인간이 하나님이 허락하신 진정한 의미의 행복을 누리며 사는 존재가 되도록 그들이 겪는 고통을 더 큰 고통 속에서 용인하고 계신 것이다. 왜냐하면 인간이 경험하는 고통은 인간의 죄로부터 기인하고 있기 때문이다.

고통은 인간이 하나님께로 개심할 수 있는 유일한 기회를 제공한다. 인간이 만물의 중심인 양 하나님의 사랑을 이해하면 안 된다. 하나님이 인간을 위해서 존재하시는 분이 아니라, 인간이 하나님을 위해서 존재한다. 인간의 궁극적인 목적은 자기 사랑이나 자기 행복에 있지 않다. 하나님이 아무런 거리낌 없이 사랑할 수 있도록 우리의 존재가 하나님 보시기에 '아주 기쁘게' 머물 수 있는 존재가 되는 것에 있다.[36] 인간의 진정한 행복은 바로 그 때 얻어질 수 있는 것이다.

죄인의 길을 걸어가면서도 하나님께 지금 우리의 모습에 제발 만족하시라고 말하는 것은 하나님께 더 이상 우리의 하나님이 되지 마세요라고 말하는 것과 같은 말이 된다. 그래서 C.S 루이스는 이렇게 말한다.

"지금 여기에서 우리가 '행복'이라고 부르는 것은 하나님이 계획하신 주된 목적지가 아닙니다. 우리는 하나님이 아무 거리낌 없이 사

---

36 C.S 루이스/이종태 옮김, 『고통의 문제』 (서울: 홍성사, 2009), 76-77.

랑하실 수 있는 존재가 될 때, 비로소 진정으로 행복해질 것입니다."[37]

고통의 근본적인 책임과 원인은 하나님께 있지 않다.[38] 하나님의 뜻과는 상반되는 '끔찍한 피조물'로 전락된 인간 스스로의 죄악으로 인해서 주어지는 것이 고통이다. 이런 고통이나 고난 앞에서 우리는 우리 자신을 성찰하며 참회의 눈물을 흘리는 것이 중요하다. 죄가 있는 곳에 언제나 고통이 있다.

(2) 의인의 고통

의인의 고통은 성령의 인침을 받은 지상 교회 성도들이 받는 고통이다. 이들이 당하는 고통은 세상의 악한 세력들의 박해와 억압에 의해서 주어지는 고통이다. 마지막 때에 신실한 성도들과 주님의 교회가 당하는 고통이다. 순교의 자리에까지 나아가는 고통이고 고난이다. 그러나 그 고통과 고난은 성도들을 어린 양의 신부가 되게 하며 천상 교회 하늘 보좌의 축복을 누리게 해준다. 진품은 언제나 고난의 흔적이 있다. 반면에 짝퉁은 언제나 편안함과 안락함만 추구한다.

---

37 Ibid., 76, 77, 159.
38 Ibid., 111.

의인의 고통은 다시 세 가지로 세분될 수 있다. 하나는 하나님의 섭리 가운데서 주어지는 고난이다. 요셉의 고난이 바로 그것이다. 요셉은 아무런 잘못을 하지 않았지만 그는 무려 13년간 말도 되지 않는 고난을 겪었다. 형들에게 버림받아 구덩이에 던져지는 고난, 이집트에 노예로 팔려 그곳에서 10년간의 노예 생활로 인한 고난, 그리고 그것도 부족해서 만 3년 동안의 옥중생활의 고난, 이 모든 것들은 하나님의 선하신 섭리 가운데서 요셉에게 주어진 고난이고 고통이었다. 요셉 자신도 이 사실을 잘 알고 있었다. 그래서 그 고난의 세월들을 통해서 자신을 참으로 힘들게 했던 사람들을 진심으로 용서할 수 있었다. 요셉이 그 형들에게 한 말을 보면 알 수 있다. "하나님이 큰 구원으로 당신들의 생명을 보존하고 당신들의 후손을 세상에 두시려고 나를 당신들보다 먼저 보내셨나니 그런즉 나를 이리로 보낸 이는 당신들이 아니요 하나님이시라 하나님이 나를 바로에게 아버지로 삼으시고 그 온 집의 주로 삼으시며 애굽 온 땅의 통치자로 삼으셨나이다"(창 45:7-8).

또 하나는 하나님께서 정금처럼 사용하시기 위해서 연단의 목적으로 주시는 고통이다.

"…내가 가는 길을 그가 아시나니 그가 나를 단련하신 후에는 내가 순금같이 되어 나오리라"(욥 23:10).

다윗의 고난이 바로 그것이다.

"고난당하기 전에는 내가 그릇 행하였더니 이제는 주의 말씀을 지키나이다"(시 119:67).
"고난 당한 것이 내게 유익이라 이로 말미암아 내가 주의 율례들을 배우게 되었나이다"(시 119:71).

이런 고난과 고통은 감사함으로 받고 잘 견디어 내는 것이 중요하다. 그럴 때 정금처럼 쓰임받게 되는 것이다.

마지막으로는 악인으로 인해 의인이 받는 고난이다. 하나님의 나라를 세우기 위해서, 이 땅의 모든 사명자들이 경험하는 고난이다. 스스로 고난을 선택하며 악과의 치열한 영적 전쟁을 치르면서 받게 되는 고난이다. 그래서 고난이 사명임을 알았던 사도 바울은 골로새 교우들에게 "나는 이제 너희를 위하여 받는 괴로움을 기뻐하고 그리스도의 남은 고난을 그의 몸된 교회를 위하여 내 육체에 채우노라"(골 1:24)라고 고백했다. 주님께서는 행복에 이르는 여덟 가지 길을 가르쳐 주시면서, 마지막 길에서 고난의 가치를 말씀해 주셨다.

"의를 위해 박해를 받는 사람은 행복하다. 하나님의 나라가 그들의 것이다"(마 5:10).[39]

스데반 집사가 죽음의 고난 속에서도 두려움 없이 가장 행복한 얼굴로 마지막 순교의 길을 걸어갈 수 있었던 비결도 바로 여기에 있다. 이미 하나님의 나라가 그의 것으로 경험되었기에 죽음의 고난조차도 더 이상 그를 두렵게 하거나 불행하게 만들지 못했던 것이다.

불교는 인생을 고해로 이해한다. 고통의 바다에 던져진 존재라는 것이다. 깨달음의 해탈의 경지는 바로 그 '고통의 바다'로부터의 해방된 상태를 의미한다. 이러한 인생의 이해는 고통이나 고난을 대단히 부정적인 것으로 간주하게 만든다.

그러나 기독교 영성은 고통이나 고난을 그런 차원에서만 보지 않는다. 오히려 대단히 적극적이고 긍정적인 차원에서 해석한

---

39 김영복, 『예수의 행복론: 행복에 이르는 길』 (용인: 킹덤북스, 2015), 205-214.

다. 기독교 영성의 빛에서 보면, 고통이나 고난은 오히려 우리의 삶을 성화시켜 주어서 결국 구원에 이르게 하는 동력이 된다. 그리스도의 고난이 바로 그 실례이다. 십자가의 고난은 의인의 고난과 고통의 총화이다. 십자가의 피 흘림의 고통과 고난을 통해서 부활의 영광에 이르게 되는 것이다. 이런 고난이 바로 '희망을 낳는 고난' 혹은 '행복을 낳는 고난'이다. 그래서 주님은 당신을 따르는 모든 제자들에게 "…누구든지 나를 따라오려거든 자기를 부인하고 자기 십자가를 지고 나를 따를 것이니라"(마 16:24절)고 담대하게 말씀하신 것이다. 이 고난의 비밀을 알았던 사도 바울은 '주 예수 그리스도의 십자가 외에 자랑할 것이 없다'(갈 6:14)라고 선언하였던 것이다.

천상 교회 순교자들의 탄원으로 시작되었던 하나님의 심판은 이제 천상 교회 신실한 성도들의 찬양과 경배로 그 끝을 맺는다. 지상에서 하나님의 심판이 전개되자, 동시에 천상 교회 하늘 보좌에서는 '흰 옷을 입은 셀 수 없는 큰 무리'가 종려 가지를 들고 하나님과 어린 양의 구원하심을 찬양하며 경배한다(계 7:9-11). 이들은 악한 세상에서의 수많은 환난을 견디며 영적 전쟁에서 승리하여 천상 교회의 하늘 보좌에 자리한 성도들이다. 그들은 천상 교회에서 밤낮으로 하나님을 섬기며 하나님의 놀라운 축복을 누린다. 어린 양이 그들의 목자가 되사 생명수 샘으로 인도하시고 하나님께서 그들의 눈에 모든 눈물을 닦아 주신다(계 7:17). 놀라운 해피 엔딩이다.

03 일곱 나팔 심판
(8:6-11:19)

1) 성도의 기도

하나님의 심판의 특징 중 가장 선명한 특징은 이것이다. 하나님의 심판은 그분의 큰 계획과 섭리 가운데서 이루어지는데, 그것은 언제나 '성도의 기도'를 통해서 성취되어가는 것을 볼 수 있다. 하나님의 심판은 천상 교회 하늘 보좌에 앉아있는 순교자들의 간절한 탄원과 중보기도뿐만 아니라, 지상 교회 성도들의 간절한 기도의 응답으로 진행된다. 하나님의 심판은 기도의 응답이다. 주님은 교회를 기도하는 공동체로 정의하셨다. 내 집은 만민이 기도하는 집이다. 그런데 너희가 강도의 소굴로 만들었구나! 주님은 거룩한 분노를 표출하시면서 성전 정화 작업을 시작하셨다(막 11:15-18). 기도가 살아있는 집을 다시 짓기 위함이었다. 요한계시록에 기록된 하나님의 심판은 철저히 성도들의 기도를 통해서 전개되고 있다. 성도들의 기도가 하늘의 보좌를 움직이는 가장 강력한 동력이 되고 있는 것이다.

리차드 포스터는 성도의 기도를 세 가지로 분류해서 이해한다. '안으로 향한 움직임(the movement inward)'과 '위로 향한 움직임(the movement upward)', 그리고 '밖으로 향한 움직임(the movement outward)'이다. '안으로 향하는 기도'의 필요성에 대하여 이렇게 주장한다. "안으로 향하는 기도가 선행되어야 하는 것은 먼저 자신의 내면이 변화되지 않고서는 하나님의 영광에 이르려는 위로 향하는 기도가 오히려 우리를 짓누르고, 또 밖으로 향하는 사역이 우리를 파멸시키기 때문이다."[40] 존 웨슬리의 신학의 관점에서 본다면, '안으로 향하는 기도'는 내적 성화(inner holiness)를 위한 출발점이 된다.

'위를 향한 기도'의 필요성에 대하여는 이렇게 말한다. "마음의 참 본향인 하나님께 나아올 때까지 우리는 추방자요 타국인이다. 교만과 두려움으로 인해 우리는 하나님과의 관계가 소원해졌다. 그러나 우리 안에 있는 저항감이 믿음과 소망과 사랑의 역사로 극복되기 때문에 우리는 하나님과의 친밀한 교제를 갖기 위해 위를 향하게 된다. 그러면 우리가 다른 사람들을 향해 사역

---

40   리처드 포스터/송준인 옮김, 『기도』(서울: 두란노, 1995), 19.

할 힘을 얻게 된다."[41] 하나님과의 대신 관계를 회복시키는 기도가 '위를 향하는 기도'이다. 내적 성화의 두 번째 단계이다.

그리고 리처드 포스터는 '밖으로 향하는 기도'에 대하여 이렇게 말한다. "내적인 변화와 하나님과의 친밀함은 둘 다 사역을 지향한다. 우리가 하나님의 용광로를 통해 불순물을 걸러내는 것은 우리 자신만을 위한 것이 아니라 다른 사람들도 위한 것이다. 우리가 하나님의 사랑의 품에 이끌려 안기는 것은 하나님의 용납을 체험하기 위함일 뿐만 아니라 다른 사람들에게도 하나님의 사랑을 주기 위해서이다."[42] 우리는 기도를 통해서 하나님의 창조의 행위에 동참하고 있다. 이것이 바로 존 웨슬리가 말했던, '외적 성화'(outer holiness) 혹은 '사회 성화'(social sanctification)를 위한 출발점이 되는 것이다. '밖으로 향하는 기도'는 세상 한 복판에서 빛과 소금의 역할을 감당할 수 있는 힘과 지혜와 능력을 제공한다. 이런 차원에서 기도가 삶이 되고, 삶이 기도가 되는 것이다. 그러므로 아빌라의 성녀 마더 테레사 수녀는 "모든 일은 기도에서부터 시작됩니다"라고 선언하였던 것이다.

---

41 Ibid., 113.
42 Ibid., 225.

20세기 최고의 신학자로 불리우는 칼 바르트는 누구보다도 '기도의 중요성'을 알았던 신학자였다. 실제로 그를 기도의 신학자로 부르는 학자들도 있다. 그는 그의 교의학 강의를 시작하면서 가장 먼저 중세의 위대한 신학자 토마스 아퀴나스의 기도를 소개하면서 시작했다. 토마스 아퀴나스가 그의 『신학대전(Summa Theologiae)』의 도입부에 기도를 놓았다는 점을 강조했다.

"자비하신 하나님, 당신께서 기쁘신 대로, 당신의 이름의 영광을 위해, 제가 성실히 찾고 조심스럽게 탐구하며 진실하게 알며 완벽히 표현할 수 있게 하소서."[43]

바르트에게 있어서 기도 없이는 신학은 불가능했다. 기도는 신학의 본성과 목표를 결정한다. 바르트는 이렇게 말한다.

"신학 작업은 반드시 기도와 함께 시작되고 기도를 동반해야 할 뿐만 아니라, 반드시 기도 안에서 수행되어야 하는 작업이다. 우리의 능력, 욕망, 필요가 아니라 삼위일체 하나님의 은혜가 신학과 기도의 출발점이자 토대가 된다."[44]

---

43 칼 바르트/오성현 옮김, 『기도(Das Vaterunser)』 (서울: 복있는 사람, 2017), 8. 앞으로 칼 바르트 『기도(Das Vaterunser)』로 약칭될 것이다.
44 칼 바르트/신준호 옮김, 『칼 바르트 개신교 신학 입문』 (서울: 복있는 사람, 2014), 173.

하나님의 응답은 언제나 우리의 기도보다 앞서 있다. 이미 앞서가셔서 모든 것을 응답하신 하나님께서 우리에게 찾아오신다. 위르겐 몰트만은 그 하나님을 '오시는 하나님'(the coming of God)으로 불렀다.[45] 아브라함이 자신의 아들 이삭을 산 제물로 바치기 위해서 모리아 산으로 출발하며 기도하기 전에, 이미 하나님은 그의 인생길에 앞서가셔서 모든 것을 준비하시고 그를 찾아 오셨다. 이 하나님을 창세기는 '여호와 이레'의 하나님이라고 부른다.

이런 관점에서 '기도의 핵심'은 인간의 욕망의 충족이 아니라, 하나님과 친밀한 관계 속에 들어와 있는 자신을 발견하는 놀라움이다. 기도는 우리가 찾기도 전에 우리를 찾아오신 하나님에 대한 반응이자, 낯선 타자이신 하나님을 아버지라 부르게 된 은혜의 기적에 대한 놀라움의 표현이다.

칼 바르트는 여기서 간구의 중요성을 다음 세 가지로 설명한다. 첫째, 간구는 인간 자신의 부족함에 대한 인식이자 하나님의 은혜에 대해 전적으로 의존한다는 고백이다.[46] 자신이 얼마나 연약한 존재인지 깨닫는 자만이 기도할 수 있다. 우리의 삶이 전적

---

45   위르겐 몰트만/김균진 옮김. 『오시는 하나님: 기독교적 종말론』(서울: 대한기독교서회, 2002), 16.
46   칼 바르트 『기도(Das Vaterunser)』, 16.

으로 하나님께 의존되어 있음을 자각하고 고백하는 영적인 행위가 바로 기도이다.

둘째, 간구는 인간의 참 모습뿐만 아니라 하나님이 누구신지를 알려준다.[47] 우리는 기도를 통해서 하나님이 어떤 분이신지 알게 된다. '불가능한 가능성'(impossible possibility)은 언제나 기도하는 자만이 볼 수 있는 세계이다. 하나님이 어떤 존재인지를 알게 될 때 비로소 '불가능한 가능성'을 바라보는 믿음의 삶이 시작되는 것이다.

셋째, 간구는 어제도 오늘도 찾아오셔서 예기치 않은 방식으로 우리 기도에 응답하시는 하나님을 향해서 우리의 삶을 개방하게 해준다.[48] 하나님 앞에 개방된 인간의 삶에는 언제나 놀라운 희망의 역사가 펼쳐짐을 경험하게 된다. 바로 그 순간 '고통은 결코 희망을 삼키지 못하게 된다.' 하나님 앞에 서 있는 존재, 그의 삶에는 언제나 희망의 역사만이 나타날 뿐이다.

요한계시록의 심판이 성도들에게 희망을 주는 이유가 바로 여

47　Ibid., 16.
48　Ibid., 16.

기에 있다. 일곱 인들의 심판이 전개되기 전에 어떤 일이 있었는가? 네 생물과 24장로들이 어린 양 앞에서 성도의 기도를 상징하는 향이 가득한 금 대접을 가지고 어린 양 예수 그리스도의 구속의 사건을 찬양하는 새 노래를 불렀다(계 5:8,9). 그리고 주님이 다섯째 인을 떼실 때에, 땅에 거하는 자들을 심판하여 우리의 피 값을 갚아달라는 천상 교회 성도들의 간절한 기도가 울려 퍼졌다(계 6:10). 일곱 인들의 심판은 지상 교회 성도들과 천상 교회 성도들의 기도에 대한 하나님의 응답으로 이루어졌음을 알 수 있다.

요한계시록 8장부터 전개되는 일곱 나팔을 통한 하나님의 심판 역시 성도들의 기도와 함께 시작된다. 하나님 앞에서 일곱 천사가 일곱 나팔을 받은 후에 바로 또 다른 천사가 등장하여 땅에 거하는 모든 성도들의 기도를 금 향로에 받아서 하나님 앞으로 올라간다.

"또 다른 천사가 와서 제단 곁에 서서 금 향로를 가지고 많은 향을 받았으니 이는 모든 성도의 기도와 합하여 보좌 앞 금 제단에 드리고자 함이라 향연이 성도의 기도와 함께 천사의 손으로부터 하나님 앞으로 올라가는지라"(계 8:3,4).

언제나 성도의 기도는 천상 교회 하늘 보좌에 금 향로에 담겨 올려진다. 천사가 성도의 기도가 담긴 향로에 제단의 불을 담아 땅에 쏟으니 세상을 향한 하나님의 심판을 상징하는 '우레와 음성과 번개와 지진'이 발생한다(계 8:5).

하나님의 공의로우신 심판은 전적으로 하나님의 자유로운 주권에 속해 있다. 그러나 그 하나님의 자유로운 주권을 움직이는 힘은 성도들의 기도에 달려 있다. 바로 이것이 기도가 갖는 힘이다. 기도는 하늘 문을 여는 열쇠이며, 새 하늘과 새 땅을 열어가는 영적인 에너지이다. 그래서 진품에는 언제나 하나님의 나라와 그 의를 위한 간절한 기도가 살아 있다. 그러나 짝퉁에는 그것이 없다.

2) 나팔 심판

일곱 나팔을 가진 일곱 천사들이 나팔을 불자 하나님의 재앙이 임한다. 첫째 천사가 나팔을 부니, 피 섞인 우박과 불이 땅에 쏟아져 땅의 3분의 1과 수목의 3분의 1과 각종 풀이 타 버린다(계 8:7). 둘째 천사가 나팔을 부니, 불타는 큰 산 같은 것이 바다에 던져져 바다의 3분의 1이 피가 되고 바다에 사는 생명체 3분의 1이 죽고 배들도 3분의 1이 파괴된다(계 8:8,9). 셋째 천사가 나팔을 부니, 횃불같이 타는 큰 별이 하늘에서 떨어져 강들의 3분의 1과 물들의 3분의 1이 쓴 물이 되어 많은 사람이 죽는다(계 8:10,11). 넷째 천사가 나팔을 부니, 해와 달과 별들의 3분의 1이 타격을 받아 낮의 3분의 1은 비추임이 없고 밤도 그러했다(계 8:12).

다섯째 천사가 나팔을 부니 무저갱의 열쇠를 가진 하늘에서 떨어진 별이 무저갱을 연다. 그러니 무저갱에서 황충이 나와 이마에 하나님의 인침을 받지 아니한 사람들만 해한다. 그러나 그들을 죽이지는 못하게 하셨다(계 9:1-5). '무저갱'은 헬라어로 '아뷧소스'란 말인데 음부(롬 10:7)나 스올(욥 41:22,23)을 뜻한다. 요한계시록에서 무저갱은 사탄과 타락한 천사들의 잠정적 거처 혹은 감옥을 의미한다(계 11:7;17:8;20:1-3). '황충'은 무엇을 의미하는가? 그것은 헬라어로 '아크리데스'인데 문자적으로는 '메뚜기'를 가리킨다. 그러나 의미상으로는 하나님의 재앙을 상징하는 마귀의 권세를 지닌 존재들 또는 사탄의 하수인들을 의미한다. 그들에 의한 고통이 얼마나 컸는지 사람들이 죽기를 구하여도 죽지 못하고 죽음조차 그들을 피할 정도였다(계 9:6). 이어서 여섯째 천사의 나팔 소리와 함께 그 이전에는 상상도 하지 못했던 무서운 재앙이 내려진다. 불과 연기와 유황으로 사람들의 3분의 1이 죽임을 당한다(계 9:18).

왜 하나님은 이런 심판을 행하시는 것일까? 하나님의 심판의 목적은 이중적이다. 하나는 악인을 벌하심으로써 하나님의 공의로우심을 실현하기 위함이고, 또 하나는 악인들에게 참회의 기회를 제공함으로써 하나님의 자비와 사랑을 끝까지 실현하기 위함이다. 요한계시록 9장에서 그러한 사실을 발견하게 된다. 유달리 끔찍한 재앙들 속에서도 끝까지 회개하지 않은 이들을 지목하는 장면에서 하나님의 마음을 읽을 수 있다.

"이 재앙에 죽지 않고 남은 사람들은 손으로 행한 일을 회개하지 아니하고 오히려 여러 귀신과 또는 보거나 듣거나 다니거나 하지 못하는 금, 은, 동과 목석의 우상에게 절하고 또 그 살인과 복술과 음행과 도둑질을 회개하지 아니하더라"(계 9:20,21).

왜 마지막까지 그들을 남겨놓으셨을까? 비록 악인들일지라도 그들에게 참회의 기회를 주기 위함이다. 하나님의 심판 안에는 우리가 헤아릴 수 없는 하나님의 정의와 자비의 강이 흐른다. 하나님은 악인을 포함한 모든 사람들이 진리 안에서 구원을 받기를 원하신다(딤전 2:4). 언제나 문제는 끔찍한 피조물로 전락된 우리에게 있다. 그러나 마지막 순간에라도 참회하고 돌아설 수만 있다면, 악인에게도 살길은 열린다. 그래서 진품은 마지막 순간까지 복음을 포기하지 않는다.

3) 말씀의 두루마리

하나님의 심판은 언제나 말씀의 두루마리를 개봉하면서 전개된다. 요한계시록 5장에 등장했던 그 말씀의 두루마리가 10장에서 다시 등장한다. 이번에는 하늘에서 힘센 천사가 내려오는데 그 손에 '펴 놓은 작은 두루마리'를 들고 내려온다(계 10:1-2). 이 두루마리는 재앙의 말씀이 기록된 에스겔 2장 9-10절(계 5:1)의 두루마리와 예언해야 할 말씀이 담겨있는 에스겔 3장 1-3절(계 10:9-11)의 두루마리를 배경으로 하고 있다. 하나님은 심판의 역사도 말씀을 통해서 행하시고, 구속의 역사도 말씀을 통해서 행하신다.

하나님께서 요한에게 "천사의 손에 펴 놓인 두루마리를 가지라"고 하셔서 요한이 천사에게 나아간다. 천사는 그것을 "갖다 먹어 버리라"고 한다(계 10:8,9). 두루마리를 먹으라는 것은 무엇을 의미하는가? 바로 두루마리 말씀을 영혼의 양식으로 삼으라는 것이다. 그래서 예레미야도 말씀을 먹었다고 표현했다.

"내가 주의 말씀을 얻어 먹었사오니 주의 말씀은 내게 기쁨과 내 마음의 즐거움이오나"(렘 15:16).

사도 바울은 고린도 교우들을 양육함에 있어서 "내가 너희를 젖으로 먹이고 밥으로 아니하였다"고 했다(고전 3:2). 말씀을 먹는다는 것은 곧 말씀을 영혼의 양식으로 삼아서 그 말씀대로 사는 것을 의미한다. 그래서 주님은 진정으로 복이 있는 자를 이렇게 정의하셨다.

"이 예언의 말씀을 읽는 자와 듣는 자와 그 가운데에 기록한 것을 지키는 자는 복이 있나니 때가 가까움이니라"(계 1:3).

요한이 말씀의 두루마리를 먹으니 입에는 꿀처럼 달았지만 배에는 쓰게 느껴졌다. 이것은 무엇을 의미하는가? 하나님의 말씀은 너무도 귀해서 좋은 것이지만, 그 말씀대로 살거나 그 말씀대로 전하는 것은 결코 쉬운 일이 아니라는 것이다. 요한에게 심판의 날에 많은 백성과 나라와 방언과 임금들에게 말씀을 예언하는 일은 참으로 목숨을 내어놓아야 하는 일이었다. 왜냐하면 언제나 복음을 전하는 일에는 악한 세대의 핍박과 박해가 기다리고 있기 때문이다.

4) 두 증인

요한에게 주어진 복음의 사명은 요한계시록 11장으로 넘어오면서 지상 교회의 사명으로 전이된다. 요한으로부터 복음의 사명을 물려받은 '두 증인'은 곧 "두 감람나무와 두 촛대"라고 했는데(계 11:4), 그것은 모두 '지상에 있는 교회 공동체'를 상징한다. 요한계시록에서 촛대는 교회를 의미한다. 일곱 촛대가 단지 두 촛대로 변환된 것이다. 두 감람나무는 스가랴 4장에 등장하는 기름 부음을 받은 왕과 기름 부음을 받은 대제사장을 의미한다. 이것 역시 하나님께서 지상 교회에 성령의 기름을 부어주셔서 복음의 사명을 다할 왕의 권세와 대제사장의 권세를 허락하셨음을 상징하는 것이다. 교회는 마지막 순간까지 영혼 구원을 위하여 복음을 전해야 하는 사명 공동체이다. 그 부르심의 사명을 잃어버린 교회는 곧 짝퉁이 되고 만다. 그런데 신천지 이만희는 지상 교회를 상징하는 두 증인(두 감람나무, 두 촛대)이 바로 자기 자신과 자신을 돕는 영적 배필이라는 자아 망상적 주장을 한다.

요한계시록 11장에 보면, 두 증인, 즉 두 감람나무와 두 촛대로 상징되는 지상 교회가 참회와 회개를 상징하는 굵은 베옷을 입고 1,260일간 복음의 사명을 감당하고 있다. 이것은 11장 2절의 '마흔두 달'과 12장 14절의 '한 때와 두 때와 반 때'(단 7:25)와 모두 같은 기간을 의미하는데, 예수 그리스도의 재림 이전에 있을 7년간의 혹독한 하나님의 심판과 고난과 박해의 기간을 가리킨다.

성서에서 '7'은 완전수이며 충만수이다. 하나님의 심판과 악인들의 박해가 극도에 다다르게 됨을 상징하는 기간이다.[49]

그런데 놀라운 사실은 그 기간 동안 주님의 교회와 하나님의 신실한 백성들은 결코 두려워할 필요가 없다는 것이다. 하나님께서 놀랍게 보호하시고 지켜주시기 때문이다. 그 상징으로 하나님은 요한에게 "하나님의 성전과 제단과 그 안에서 경배하는 자들"을 측량하고 성전 바깥 마당은 측량하지 말라고 하셨다. 성전 바깥은 이방인들에 의해서 '마흔두 달'간 짓밟힘을 당할 것이나 하나님의 성전과 그 안에서 경배하는 신실한 성도들은 보호해 주시겠다고 한다(계 11:1,2). 누구든지 복음의 사명을 감당하는 교회 공동체를 해하고자 하는 자들은 하나님께서 반드시 그들을 처리해 주시겠다고 약속하셨다.

> "만일 누구든지 그들을 해하고자 하면 그들의 입에서 불이 나와서 그들의 원수를 삼켜 버릴 것이요 누구든지 그들을 해하고자 하면 반드시 그와 같이 죽임을 당하리라"(계 11:5).

---

[49] 그런데 신천지의 이만희는 '두 증인'에 관한 요한계시록 11장의 기록을 철저히 왜곡시킨다. 두 증인의 삼일 반의 죽음을 자신이 활동하지 못하였던 "실제 형기와 선고 유예 기간을 합한 삼년 반"의 기간이라고 주장한다. 그리고 두 증인의 부활과 승천은 자신이 다시 사역을 시작하게 되어, 새 언약의 장막을 이 땅에 최초로 세우게 되는 것을 뜻한다고 주장한다. 참으로 말도 되지 않는 자아 망상적 자의적 해석이다.

어떤 환난과 박해와 핍박이 있더라도 하나님의 교회는 결코 무너지지 않는다. 짝퉁은 오래가지 않는다. 그러나 진품은 오래 간다.

복음의 사명을 다한 후에 지상 교회를 상징하는 '두 증인'은 무저갱으로부터 올라온 사탄의 세력에 의해서 죽임을 당하고 그 시체가 길에 버려진다. 사람들이 그 시체를 사흘 반 동안 보며 무덤에 장사하지 않는다. 오히려 그 시체를 보고 즐거워하고 기뻐한다. 하나님의 교회의 완전한 패배처럼 보인다. 그러나 하나님의 반전이 있다. 죽었던 그들이 부활하여 하늘로 승천하는 역사가 나타난다(계 11:7-13).

이것은 바로 예수 그리스도의 십자가의 죽음과 부활을 상징하는 것이다. 교회는 그리스도의 몸이다. 어떤 몸인가? '수육하신 그리스도의 몸', '수난 당하신 그리스도의 몸', 그리고 '부활하신 그리스도의 몸'이다. 이 세 가지 그리스도의 몸을 통해서 우리는 기독교 교회 공동체의 자기 정체성을 발견할 수 있다. 그리스도의 몸으로서의 교회는 '성육신적 공동체', '십자가 공동체', '부활 공동체'이어야 한다. 다시 말하면, 교회는 자기 비움과 자기 낮아짐의 흔적을 지닌 '성육신적 영성'과 자기 부정과 자기 내어줌의 흔적을 지닌 '십자가 영성', 그리고 채워짐과 높아짐의 역사를 이루는 '부활의 영성'을 동시에 지녀야 한다. 그렇지 않으면 짝퉁이 되고 만다.

04 교회의 영적 전쟁(12-14장)

일곱 나팔과 일곱 대접 사이에 요한계시록 12장-14장의 말씀이 삽입되어 있다. 내용은 치열한 영적 전쟁에 관한 기록이다. 지피지기면 백전백승이라고 했다. 하나님의 살아계심을 믿는 것도 중요하지만, 이에 못지않게 사탄의 존재를 인정하는 것도 중요하다.

1) 영적 전쟁의 대상

(1) 사탄의 존재

하나님이 천지를 창조하셨을 때, "하나님이 지으신 그 모든 것을 보시니 보시기에 심히 좋았더라…"(창 1:31)고 말씀하셨다. 그런데 창세기 3장에 보면 하와를 죄의 길로 유혹하는 뱀의 형체를 가진 사탄의 모습을 발견하게 된다(창 3:1-5). 창세기 1장과 3장 사이에서 많은 천사들이 하나님을 대적해서 악의 존재로 전락되는 천상적 반란 사건이 일어났음을 추측할 수 있다.

신약 성서는 그 사실을 뒷받침 해주고 있다. 사도 베드로는 베드로후서 2장 4절에서 이렇게 기록하고 있다.

"하나님이 범죄한 천사들을 용서하지 아니하시고 지옥에 던져 어두운 구덩이에 두어 심판 때까지 지키게 하셨으며."

유다 역시 다음과 같이 기록하고 있다.

"또 자기 지위를 지키지 아니하고 자기 처소를 떠난 천사들을 큰 날의 심판까지 영원한 결박으로 흑암에 가두셨으며"(유 1:6).

이 구절들은 타락한 천사가 존재했었음을 지적하고 있는 것이다. 조직신학자 웨인 그루뎀은 '영원한 결박'이란 말은 은유적 표현으로서 그들의 활동이 대단히 제한되었음을 나타내는 것으로 해석한다. 두 구절을 그루뎀은 다음과 같이 해석한다. 소수의 천사가 하나님을 대항해 반란을 일으켰고, 그들이 바로 하나님을 대적하는 대적자가 되었다는 것이다. 그들의 죄는 바로 '교만'이었을 것이다. 하나님과 동등한 지위와 권세를 취하고자 하였던 천사들의 교만이 결국 자기 지위를 지키지 아니하고 자기 처소를 떠나게 만들었다.

구약 성서 안에도 교만한 사탄을 징계하는 기록들이 있다. 사탄을 상징하는 바벨론 왕의 멸망을 이사야 14장은 이렇게 기록하고 있다.

"너 아침의 아들 계명성이여 어찌 그리 하늘에서 떨어졌으며 너 열국을 덮은 자여 어찌 그리 땅에 찍혔는고 네가 네 마음에 이르기를 내가 하늘에 올라 하나님의 뭇 별 위에 내 자리를 높이리라 내가 북극 집회의 산 위에 앉으리라 가장 높은 구름에 올라가 지극히 높은 이와 같아지리라 하는도다 그러나 이제 네가 스올 곧 구덩이 맨 밑에 떨어짐을 당하리로다"(사 14:12-15).

'사탄'(Satan)의 히브리어 뜻은 '적수'란 뜻이다. 귀신의 우두머리에 대한 인격적인 호칭이다. 욥기 1장에도 사탄의 이름이 등장하다.

"하루는 하나님의 아들들이 와서 여호와 앞에 섰고 사탄도 그들 가운데에 온지라"(욥 1:6).

세상을 두루 다니며 의인 욥을 무너뜨리고자 계략을 꾸미는 존재로 묘사되고 있다. 역대상 21장에 보면, 승승장구하던 다윗에게도 사탄이 등장해서 그를 무너뜨리고자 충동한다.

"사탄이 일어나 이스라엘을 대적하고 다윗을 충동하여 이스라엘을 계수하게 하니라"(대상 21:1).

스가랴 역시 대적자로서의 사탄을 목도하게 된다.

"대제사장 여호수아는 여호와의 천사 앞에 섰고 사탄은 그의 오른쪽에 서서 그를 대적하는 것을 여호와께서 내게 보이시니라"(슥 3:1).

광야에서 시험 당하실 때 주님은 "사탄아 물러가라"(마 4:10)라고 말씀하셨고, 칠십 인의 전도 보고를 들으신 이후에 "…사탄이 하늘로부터 번개같이 떨어지는 것을 내가 보았노라"(눅 10:18)라고 말씀하셨다.

사탄은 성서 안에서 다른 이름들로 사용된다. "마귀"(마 4:1,13:39, 25:41: 계 12:9, 20:2), "뱀"(창 3:1,14: 고후 11:3: 계 12:9: 20:2), "바알

세불"(마 20:25; 12:24,27; 눅 11:15), "이 세상의 임금", "공중의 권세 잡은 자"(엡 2:2), "악한 자"(마 13:19; 요일 2:13) 등으로 칭해진다. 요한계시록 20장에는 사탄 마귀가 천 년 동안 결박당하는 기록이 나온다.

"또 내가 보매 천사가 무저갱의 열쇠와 큰 쇠사슬을 그의 손에 가지고 하늘로부터 내려와서 용을 잡으니 곧 옛 뱀이요 마귀요 사탄이라 잡아서 천 년 동안 결박하여 무저갱에 던져 넣어 잠그고 그 위에 인봉하여 천 년이 차도록 다시는 만국을 미혹하지 못하게 하였는데 그 후에는 반드시 잠깐 놓이리라"(계 20:1-3).

(2) 사탄의 활동

사탄은 인간이 죄를 짓기 이전에 이미 죄를 지은 존재이다. 그런 사탄이 뱀의 형상을 가지고 하와를 유혹해서 범죄하게 만들었다(창 3:1-6; 고후 11:3). 주님은 사탄에 대하여 이렇게 말씀하셨다.

"너희는 너희 아비 마귀에게서 났으니 너희 아비의 욕심대로 너희도 행하고자 하느니라 그는 처음부터 살인한 자요 진리가 그 속에 없으므로 진리에 서지 못하고 거짓을 말할 때마다 제 것으로 말하나니 이는 그가 거짓말쟁이요 거짓의 아비가 되었음이라"(요 8:44).

사도 요한은 죄를 짓는 자 모두가 마귀에게 속한 자로 보았다.

"죄를 짓는 자는 마귀에게 속하나니 마귀는 처음부터 범죄함이라 하나님의 아들이 나타나신 것은 마귀의 일을 멸하려 하심이라"(요일 3:8).

여기서 처음부터란 말은 창조 때부터란 말이 아니라, 창조 이후 세계 역사의 '시작'부터를 의미한다.

사탄은 하와를 유혹했던 것처럼(창 3:1-6), 예수 그리스도의 구원의 사역을 무너뜨리고자 시험했다(마 4:1-11). 사탄의 전략은 언제나 '거짓말'하고(요 8:44), '속이고'(계 12:9), '살인하고'(시 106:37; 요 8:44), 하나님과의 관계를 이간하고 파괴하기 위해서 유혹, 의심, 죄책감, 두려움, 혼란, 아픔, 시기, 질투, 교만, 비방 등 수단과 방법을 가리지 않고 온갖 종류의 노력을 다 한다. 사탄은 분열의 영이고 거짓의 영이고 죽음의 영이다. 그러나 성령은 하나 되는 영이요, 진리의 영이요 생명의 영이다.

그러므로 영적 생활은 사탄과의 치열한 영적 전쟁을 치르는 삶이다. 그래서 사도 바울은 "마귀의 간계를 능히 대적하기 위하여 하나님의 전신갑주를 입으라 우리의 씨름은 혈과 육에 대한 것이 아니요 정사와 권세와 이 어두움의 세상 주관자들과 하늘에 있는 악의 영들에게 대함이라"(엡 6:11-12)라고 했다. 사도 베드로는 "근신하라 깨어라 너희 대적 마귀가 우는 사자같이 두루 다니며 삼킬 자를 찾나니 너희는 믿음을 굳건하게 하여 그를 대적하라 이는 세상에 있는 너희 형제들도 동일한 고난을 당하는 줄을 앎이라"(벧전 5:8)라고 권면하였다.

2) 교회(지상과 천상)의 영적 전쟁

요한계시록은 교회(지상과 천상)의 영적 전쟁을 극명하게 계시해주고 있다. 요한계시록 12장에는 네 가지 영적 전쟁이 치열하게 전개되고 있다. 첫 번째 영적 전쟁은 예수의 탄생 순간 일어난다. '여자'가 등장하는데, '여자'는 '열두 별의 관'을 쓴 것을 보아서 이스라엘의 12지파를 의미하는 하나님의 공동체를 상징한다. 또한 '아이'는 이스라엘이 그토록 고대하던 '메시야, 예수 그리스도'를 상징한다. 여자가 오랜 기다림 속에서 아기 예수 그리스도를 맞이하게 되는 순간 사탄을 상징하는 큰 용이 그 아이를 삼키려고 무섭게 달려든다(계 12:2-4). 머리가 일곱이고 뿔이 열인 '큰 붉은 용'은 다니엘 7장 4-6절에 등장하는 짐승들을 연상케 하는데, 사탄 마귀를 상징한다. 예수를 향했던 사탄의 공격은 결국 실패하고 만다.

그러나 통일교 원리강론에서는 유대인의 저항으로 예수가 살해되었고, 초림 예수의 사역은 완전히 실패했다고 주장한다.[50] 십자가는 실패의 자리가 아니라, 죽음을 죽인 부활의 자리요 승리의 자리이다. 초림 예수는 지상 사역을 완벽히 완수하시고 부활하셔서 하늘 하나님의 보좌로 올라가셨으니, 통일교의 주장은 터무니없는 주장이 아닐 수 없다.

두 번째는 천상 교회에서 일어난 영적 전쟁이다. 지상에서 아기 예수의 구속 사역을 방해하는 영적 전쟁이 일어났던 때에, 천상 교회에서도 치열한 영적 전쟁이 일어났다. 하나님의 대리자인 미가엘과 그의 사자들이 사탄을 상징하는 용과 그의 사자들과 싸운다. 천사장 미가엘은 용을 물리친다. 결국 천하를 꾀는 마귀의 괴수 용과 그의 사자들이 지상으로 내어 쫓긴다.

---

50 『원리강론』. 71. 문선명은 예수가 유대인에게 살해되어 '영육 양면의 구원 섭리'를 이루지 못했다고 주장한다. "만일 예수님이 십자가로 돌아가시지 않았다면 어떻게 되었을 것인가? 예수님은 영육 양면의 구원 섭리를 완수하셨을 것이다." 71. 그러나 재림주로 오시는 자신은 절대로 실패하지 않을 것이라고 주장한다. "그러나 재림 주님은 아무리 고난의 길을 걸으신다 하여도, 초림 때와 같이 복귀 섭리의 목적을 이루지 못하고 돌아가시게 되지는 않는다. 왜냐하면 하나님이 인류의 참부모님을 세우시어(전편 제7장 제4절 I.1) 창조 목적을 이루시려는 섭리는, 아담에서 예수님을 거치어 재림 주님에 이르기까지 세 번째인 재림 때에는 의당 그 섭리를 이루시게 되어 있으며.... 예수님은 그 초림 때에는 유대교의 반역자로 몰려서 돌아가셨지만, 그가 재림하시는 민주주의 사회에 있어서는 설혹 그가 이단자로 몰리는 일이 있다 하더라도 그로 인하여 죽음의 자리에까지 나아가게 될 수는 없는 것이다." 216.

"큰 용이 내쫓기니 옛 뱀 곧 마귀라고도 하고 사탄이라고도 하며 온 천하를 꾀는 자라 그가 땅으로 내쫓기니 그의 사자들도 그와 함께 내쫓기니라"(계 12:9).

용은 창세기 3장에 등장하는 '간교한 뱀'과 동일한 것이다. 뱀은 달콤한 유혹으로 하와와 하나님 사이를 이간하여 선악과를 따먹게 한 장본인이다. '옛 뱀'이란 에덴동산을 상기시켜주는 표현이다.

빛과 어둠의 싸움처럼 영적 전쟁은 언제나 하나님의 군대가 이긴다. 천사장 미가엘의 군대가 승리하자 하늘 보좌에서는 영적 승리를 축하하는 찬양과 경배의 큰 음성이 울려 퍼진다(계 12:10-12).

"이제 우리 하나님의 구원과 능력과 나라와 또 그의 그리스도의 권세가 나타났으니 우리 형제들을 참소하던 자 곧 우리 하나님 앞에서 밤낮 참소하던 자가 쫓겨났고 또 우리 형제들이 어린 양의 피와 자기들이 증언하는 말씀으로써 그를 이겼으니 그들은 죽기까지 자기들의 생명을 아끼지 아니하였도다"(계 12:10,11).

사탄은 세상 앞에 있는 것이 아니라, '하나님 앞에서 밤낮으로 참소하는 자'로 있음을 알 수 있다. 하나님과 하나님의 백성 사이를 이간하기 위해서 '하나님 앞에서' 밤낮으로 참소하는 자가 바로 사탄이다. 그래서 무서운 것이다. 이러한 간교한 사탄을 어떻게 물리칠 수 있는가? 유일한 무기는 바로 '주님의 보혈과 생명의 말씀'이다. "어린 양의 피와 자기들이 증언하는 말씀"만이 사탄의 교활한 참소를 물리칠 수 있다. 그래서 주님은 "사람이 떡으로만 살 것이 아니요 하나님의 입으로부터 나오는 모든 말씀으로 살 것이라"(마 4:4)고 선포하시며 사탄의 시험을 물리치셨다.

세 번째 영적 전쟁은 지상으로 내어 쫓긴 '온 천하를 꾀는 자'인 용과 그의 사자들이 지상 교회를 공격하는 것이다.

"용이 자기가 땅으로 내쫓긴 것을 보고 남자를 낳은 여자를 박해하는지라"(계 12:13).

'남자를 낳은 여자'란 열두 지파와 열두 사도를 상징하는 선택받은 하나님의 백성들, 곧 지상 교회 공동체를 상징한다. 이것은 '자주 빛과 붉은 빛 옷을 입은 여자' 곧 큰 음녀 바벨론(계 17:4)과는 대조를 이룬다. 세상이나 세상 권력이 교회를 공격하는 것 같지만 실상 그 배후에는 언제나 간교한 사탄이 자리하고 있다. 그것도 앞이 아닌 뒤에서 교회 공동체를 공격한다(계 12:5). 사탄은 아주 교활하고 악독이 가득하며 거짓으로 철저히 무장되어 있어서 절대로 신뢰할 수 있는 상대가 못된다. 지상 교회는 언제나 사탄의 미혹과 공격 앞에 자리하고 있다. 사탄은 사이비 이단의 혹세무민과 무서운 세속화의 모습으로 오늘도 지상 교회를 무너뜨리고 있다. 주님의 십자가의 보혈과 말씀으로 철저히 무장하지 않으면, 모두가 짝퉁이 되고 말 것이다.

네 번째로, 여자에게 분노한 용이 이제는 '여자의 남은 자손'을 공격하고자 달려든다.

"용이 여자에게 분노하여 돌아가서 그 여자의 남은 자손 곧 하나님의 계명을 지키며 예수의 증거를 가진 자들과 더불어 싸우려고 바다 모래 위에 서 있더라"(계 12:17).

창세기 3장 15절에 나오는 뱀의 후손과 여자의 후손이 원수가 된 것처럼, 요한계시록에서도 용과 '여자의 남은 자손'이 영적 대립각을 세운다. 사탄은 하나님의 계명을 지키고 예수의 복음을 끝까지 증거하는 신실한 성도들을 무너뜨리고자 공격의 진을 형

성한다. 언제나 깨어 기도해야 할 이유가 여기에 있다. 그래서 사도 베드로는 소아시아 교회 성도들을 향하여 이렇게 권면하였다.

"근신하라 깨어라 너희 대적 마귀가 우는 사자같이 두루 다니며 삼킬 자를 찾나니 너희는 믿음을 굳건하게 하여 그를 대적하라 이는 세상에 있는 너희 형제들도 동일한 고난을 당하는 줄 앎이라"(벧전 5:7-9).

신앙생활은 결코 꽃길만 걷는 삶이 아니다. 영적으로 치열한 악과의 전쟁을 치르는 삶이다. 사탄은 오늘도 하나님이 너무도 사랑하시는 교회와 성도들을 무너뜨리고자 혈안이 되어 있다. 깨어있는 영적 파수꾼이 되어서 교회를 지키고 성도들을 지켜야 한다. 영적 전쟁에서 무너지는 순간 짝퉁이 되고 만다. 그래서 사도 바울은 에베소 교우들에게 영적 전쟁에서 승리하기 위해서 '하나님의 전신 갑주를 입으라'고 외쳤다.

"마귀의 간계를 능히 대적하기 위하여 하나님의 전신 갑주를 입으라. 우리의 씨름은 혈과 육을 상대하는 것이 아니요 통치자들과 권세들과 이 어둠의 세상 주관자들과 하늘에 있는 악의 영들을 상대함이라 그러므로 하나님의 전신 갑주를 취하라 이는 악한 날에 너회가 능히 대적하고 모든 일을 행한 후에 서기 위함이라 그런즉 서서 진리로 너희 허리 띠를 띠고 의의 호심경을 붙이고 평안의 복음이 준비한 것으로 신을 신고 모든 것 위에 믿음의 방패를 가지고 이로써 능히 악한 자의 모든 불화살을 소멸하고 구원의 투구와 성령의 검 곧 하나님의 말씀을 가지라 모든 기도와 간구를 하되 항상 성령 안에서 기도하고 이를 위하여 깨어 구하기를 항상 힘쓰며 여러 성도를 위하여 구하라"(엡 6:11-18).

05 금 대접 재앙(15-16장)

1) 하나님의 진노

요한계시록 15장과 16장에는 하나님의 진노와 최후의 재앙인 일곱 금 대접 재앙의 기사가 기록되어 있다. 일곱 천사가 일곱 재앙을 가지게 되는데, 이것은 하나님의 진노를 나타내는 마지막 재앙이다. 왜 하나님은 진노하시는가? 그 진노하심의 의미를 정확히 알 필요가 있다. 하나님의 진노는 언제나 하나님의 신실하심과 공의로우심의 결과이다. 이것이 무슨 뜻인가? 하나님의 진노는 신실한 성도들의 간절한 기도에 대한 하나님의 응답의 결과라는 것이다. 하나님은 사랑의 하나님이시지만 동시에 공의의 하나님이시기도 하다. 모든 악과 불의를 무조건 품고 이해하는 것이 사랑은 아니다. 하나님의 사랑을 그런 곳에 적용하면 그것이야 말로 신성 모독이다. 공의의 하나님은 불의에 대하여 반드시 진노하시는 분이시다. 그래서 마지막 때에 하나님의 심판이 있는 것이다.

요한계시록 15장에 보면, 하나님의 진노가 일곱 금 대접에 가득 담긴 채 일곱 천사들에게 전달된다.

"네 생물 중의 하나가 영원토록 살아 계신 하나님의 진노를 가득히 담은 금 대접 일곱을 그 일곱 천사들에게 주니"(계 15:7).

요한계시록에서 '금 대접'은 성도들의 기도를 담는 데 사용되는 상징적인 그릇이다. 요한계시록 5장 8절에서는 "…향이 가득한 금 대접을 가졌으니 이 향은 성도의 기도들이라"라고 기록하고 있다. 또 요한계시록 8장 3절에서는 "…금 향로를 가지고 많은 향을 받았으니 이는 모든 성도의 기도와 합하여 보좌 앞 금 제단에 드리고자 함이라"라고 계시되어 있다. 이렇듯 금 그릇은 성도들의 기도를 담는 그릇이다. 그런데 성도들의 기도를 담는 금 그릇에 지금 하나님의 진노가 가득 담겨있다는 것이다. 이것은 무엇을 의미하는가? 하나님의 진노는 곧 성도들의 기도에 대한 하나님의 신실하시고 공의로우신 응답을 의미하는 것이다.

악인들에 의해서 핍박당하고, 찢김 당한 성도들의 간절한 기도를 하나님께서 들으셔서 악인들을 치시고 의인들을 구원하시는 역사가 '하나님의 진노와 금 대접 재앙'의 모습으로 나타나고 있는 것이다. 악인들은 누구인가? 짐승의 표를 받고 우상을 숭배하며 끝까지 회개하지 아니하고 오히려 하나님을 모독하고 비방하는 사람들이다(계 16:2-11).

금 대접 재앙의 목적은 무엇인가? 그것은 악인을 징벌하고 하나님의 '공의'를 실천함으로써 교회의 영적 전쟁을 승리로 이끄시기 위함이었다. 넷째 천사가 대접을 해에 쏟았을 때, 사람들이 크게 태움에 태워졌다. 그런데도 사람들은 하나님의 이름을 비방하고 회개하지 아니하고 하나님께 영광을 돌리지 않았다(계 16:8,9). 또한 다섯째 천사가 대접을 짐승의 왕좌에 쏟았을 때도, 사람들이 아파서 자기 혀를 깨물고 고통스러워 하였으나 오히려 그것으로 말미암아 하늘의 하나님을 비방하고 그들의 행위를 회개하지 아니하였다(계 16:10,11). 하나님의 금 대접 재앙이 계속 내리는 가운데에서도 악인들은 여전히 회개치 아니하고 끝까지 하나님을 대적했다. 이 사실로 보아 하나님의 금 대접 재앙의 목적은 신실한 성도들 앞에서 악인을 정죄하시고, 하나님의 공의를 세우시는 것에 있음을 알 수 있다. 이는 마치 다윗이 시편 23편에서 "주께서 내 원수의 목전에서 내게 상을 차려 주시고 기름을 내 머리에 부으셨으니 내 잔이 넘치나이다"(시 23:5)라고 고백했던 감동적인 장면을 연상케 한다. 악인을 멸하시고, 의인을 승리케 하시는 구원의 사건이 하나님의 진노의 사건이다.

2) 금 대접 재앙

마지막 금 대접 재앙은 구약의 출애굽의 동력이 되었던 10가지 재앙과 매우 흡사한 유사점을 지니고 있다. 마지막 장자를 치는 재앙이 내려졌을 때 하나님께 택함 받은 공동체인 이스라엘 공동체가 출애굽의 역사를 이루게 되는데, 마찬가지로 마지막 일곱 재앙이 땅에 쏟아졌을 때 적그리스도와 거짓 선지자와 큰 성 바벨론이 완전히 무너지며 출바벨론을 통해서 지상 교회와 천상 교회 공동체가 하나로 연합되는 놀라운 새로운 역사가 나타난다. 10 가지 재앙을 통해서 이루어진 출애굽의 사건이 이스라엘 백성들로 하여금 성민으로서 약속의 땅으로 나아가는 사건이 되었던 것처럼, 요한계시록의 세 가지 재앙 또한 하나님의 백성들이 새 하늘과 새 땅으로 나아가는 영적인 단초가 되고 있는 것이다.

첫째 천사가 대접을 땅에 쏟을 때 짐승의 표를 받은 사람들과 그 우상에게 경배하는 자들에게 악하고 독한 종기가 발생한다(

계 16:2). 출애굽 당시에도 여섯 번째 재앙으로 독한 종기의 재앙이 있었다(출 9:8-12). 둘째 천사와 셋째 천사가 대접을 바다와 강과 물 근원에 쏟을 때, 바다가 죽은 자의 피 같이 되어 모든 생물이 죽고 강과 물 근원이 피가 된다(계 16:3,4). 이것은 출애굽 당시 내려졌던 물이 피가 된 첫 번째 재앙과 흡사하다. 모세가 지팡이로 나일강을 치자 물이 피로 변했고 강의 고기가 죽어 그 물에서 악취가 났으며, 애굽 온 땅에 피가 가득했다(출 7:20,21).

여섯째 천사가 대접을 큰 강 유브라데에 쏟을 때 강들이 말라서 동방의 왕들이 오는 길을 만들었다. 바로 그때에 사탄을 상징하는 용의 입과 짐승의 입과 거짓 선지자의 입에서 '세 더러운 영'이 나온다(계 16:12,13). 그들은 '귀신의 영'이다(계 16:14). 그들은 전쟁을 치르기 위해서 히브리어로 '아마겟돈'이란 곳으로 온 천하의 왕들을 모은다. 아마겟돈을 원문대로 읽으면 '아르마게돈'이다. 이것은 '아르'+'메깃돈'의 합성어이다. '아르'는 일반적으로 '산'이나 '성'을 지칭한다. '메깃돈'은 '므깃도'에서 파생한 것이다. '므깃도'는 구약 성서에 매우 중요한 격전지였다. 바락과 드보라가 시스라의 철병거를 물리친 곳이 므깃도였다(삿 5:19-21). 예후가 유다의 왕 아하시야를 살해하고 혁명에 성공을 거두었던 곳도 므깃도였다(왕하 9:27). 요시아 왕이 애굽 왕 바로 느고에게 죽임을 당한 곳도 므깃도였다(왕하 23:29,30). 또한 에스겔의 예언에 나온 '곡과 마곡'으로 하여금 하나님의 군대와 최후 접전을 벌일 곳으로 언급된 '이스라엘의 산'(겔 38:2,14; 39:2,6,17)이 므깃도 산과 연관될 수 있다. 다양한 해석이 가능하겠지만 분명한 것은 '아마겟돈'은 하나님의 심판이 이루어지는 최후의 격전지를 상징하는 장소란 것이다.

금 대접 심판은 악의 세력에 대한 하나님의 최종적인 심판의 계시이다. 그래서 첫째 금 대접 재앙은 짐승의 표를 받은 악인들을 향하여 내려지고, 다섯째 금 대접 재앙은 '짐승의 보좌'를 향하여 임하고, 마지막 일곱째 대접 재앙은 사탄의 권세를 나타내는 '공중'을 향하여 대접을 쏟는다. 그러자 큰 음성이 성전에서 보좌로부터 나온다. "되었다"는 음성이다(계 16:17). 이것은 마치 주님께서 십자가상에서 마지막 수난을 마친 후에 "다 이루었도다"라고 말씀하신 장면을 연상하게 한다. 이제 하나님의 구원이 하나님의 심판을 통해서 다 이루어졌다는 것이다. 그 결과 요한계시록 안에서, 용과 두 짐승들과 함께 악의 세력을 상징하는 '큰 성 바벨론'이 하나님의 맹렬한 진노의 잔을 마시고 멸망하게 된다(계 16:17-20).

신천지 이만희는 『천국의 비밀: 계시록의 실상』에서 이 땅의 목사들은 하나님의 말씀으로 하나님이 세우신 적이 없다고 단정한다. 그리고 그들은 하나님의 순수한 복음을 각종 이설과 인위적인 것들로 오염시켜 기형아를 만들었다고 주장한다. 즉 사탄의 교리인 거짓 것과 혼음하여 바벨 신학을 만들었다고 주장한다. 또한 이 바벨 신학의 갑옷을 입고 있는 세상의 목자들이 아마겟돈에 모여서 새 실상을 증거하는 자신들을 타도하기 위해 전쟁을 일으키는 것이라고 주장한다.[51] 자신이 복음을 왜곡시켜 기형아로 만든 바벨 신학의 장본인임을 완전히 부정하고, 자신을 제외한 이 땅의 모든 목사들과 신학자들을 바벨 신학의 악한 세력들로 정죄하고 있는 것이다.

요한계시록 16장의 아마겟돈 전쟁은 예수님의 재림 때에 있을 영적 전쟁을 의미한다. 중요한 것은 그런 무서운 재앙과 전쟁이 일어나도 깨어 있는 자는 결코 염려할 필요가 없다는 것이다. 왜냐하면 하나님의 진노는 신천지와 같은 거짓 선지자를 상징하는 악인들을 향한 것이기 때문이다. 그러므로 깨어 있는 신실한 성도들은 오히려 그때가 기쁨의 날이 될 것이다.

---

51 『천국의 비밀』, 248.

"보라 내가 도둑 같이 오리니 누구든지 깨어 자기 옷을 지켜 벌거벗고 다니지 아니하며 자기의 부끄러움을 보이지 아니하는 자는 복이 있도다"(계 16:15).

깨어 있는 자가 진품이다. 진품은 결코 멸망당하지 않는다.

5부

바벨론의 멸망과 천상 교회의 승리 찬양
(17-19장)

01 사탄의 지상 교회 공격

　요한계시록 14장에 보면, 사탄 마귀를 상징하는 큰 용의 권세를 물려받은 첫째 짐승과 둘째 짐승이 등장하여 지상 교회 성도들을 핍박한다. 용, 첫째 짐승, 그리고 둘째 짐승으로 이어지는 사탄의 삼위일체적 공격이다. 짐승의 이름을 숫자로 표현하면 666이 된다(계 13:18). 당시 헬라어와 히브리어는 각 철자마다 음가를 가지고 있었기 때문에 어떤 이름이든지 숫자로 환원이 가능했다. 이것을 '게마트리아'라고 하는데, 666은 네로 황제의 이름을 숫자로 표기한 것이다. 왜 사탄을 상징하는 짐승의 숫자를 네로 황제의 이름으로 환원했는가? 그것은 네로 황제가 가장 악독한 폭군으로 기독교를 박해했던 상징적인 인물이었기 때문이다. 중요한 것은 사탄을 상징하는 용으로부터 두 짐승은 능력과 보좌 권세를 물려받는다는 것이다(계 13:2). 하나는 바다에서 나왔고, 또 하나는 땅에서 나왔다. 그들은 지상 교회를 공격하고 미혹하는 적그리스도와 거짓 선지자들을 상징한다.

그들은 예수의 초림과 재림 기간 동안 지상 교회 성도들을 공격하고, 거짓과 신성 모독을 행한다. 하나님과 하나님의 장막에 거하는 자들을 비방한다. 이 땅에 거하는 자들을 굴복시키고 자신들을 경배하게 하며, 기사와 이적을 행하면서 혹세무민한다. 심지어 자신의 우상에게 절하지 않는 자는 다 죽인다. 모든 사람들에게 자신의 표를 받게 한다(계 13:16). 요한계시록 16장 13절에서는 '용의 입'과 '짐승의 입'과 '거짓 선지자의 입'을 동일한 것으로 나타내는데, 마지막 때에는 이처럼 거짓 선지자들의 입이 사람들을 미혹하고 공격하고 무너뜨린다.

하나님의 영은 정직한 영이다. 그러나 사탄의 영은 거짓의 영이다. 코로나19 사태로 신천지 사이비 이단 사교 단체의 민낯이 드러났다. 신천지는 처음부터 끝까지 거짓으로 시작해서 거짓으로 세워진 집단이다. 거짓으로 성서를 왜곡하고, 거짓으로 포교하고, 거짓으로 공동체를 세워 나가는 단체이다. 그들은 실로 이 시대의 용의 입이요, 짐승의 입이요, 거짓 선지자의 입이다. 짝퉁은 언제나 거짓을 말하고, 진품은 언제나 진실을 말한다. 그러므로 영적 분별력이 있어야 한다.

짐승들의 공격에 의해서 지상 교회 성도들이 패한 것처럼 보일 수 있다(계 13:7). 그러나 그렇지 않다. 주님의 피로 값 주고 사신 교회는 결코 무너지지 않는다. 지상 교회 공동체는 이미 승리한 영적 전쟁을 치르고 있는 것이다. 단지 지상 교회 공동체는 '이미'와 '아직'의 긴장 관계 속에 있을 뿐이다.

요한계시록 7장에 지상 교회 공동체를 상징했던 14만 4천명이 요한계시록 14장에서 다시 등장한다. 그런데 요한계시록 14장에 등장하는 14만 4천명은 용과 두 짐승들과의 영적 전쟁에서 승리한 천상 교회 성도들을 상징한다. 그들의 이마에는 짐승의 표가 있는 것이 아니라 어린 양의 이름과 아버지의 이름이 있다. 어린 양은 시온 산에서 14만 4천명과 함께 있고, 그들은 하늘 보좌 앞과 네 생물과 장로들 앞에서 새 노래를 부른다(계 14:1-3). 그러나 신천지 이만희는 이마에 짐승의 표를 받았다는 것을 목사 안수를 받았다는 것으로 해석한다. 즉 짐승의 조직이 수여한 목사 자격증(표)을 갖는 것이라고 주장한다.[52] 목사 안수를 받은 모든 성직자들이 한 순간에 짐승의 표를 받은 사람들이 되고 마는 것이다. 이 얼마나 왜곡된 해석이고 허망한 주장인가?

---

52 『천국의 비밀』 205, 206.

새 노래를 불렀던 사람들은 어떤 사람들이었는가?

"이 사람들은 여자와 더불어 더럽히지 아니하고 순결한 자라 어린 양이 어디로 인도하든지 따라가는 자며 사람 가운데에서 속량함을 받아 처음 익은 열매로 하나님과 어린 양에게 속한 자들이니 그 입에 거짓말이 없고 흠이 없는 자들이더라"(계 14:4,5).

그들은 교회를 상징하는 여자와 함께 자신을 더럽히지 아니하고 순결함을 유지한 사람들이다. 어린 양 예수 그리스도가 어디로 인도하든지 따랐던 자들이며, 세상에 속한 자들이 아니라 하나님과 어린 양에게 속한 자들이다. 그리고 그들의 입은 거짓말이 없고 흠이 없는 진실한 자들이다(계 14:4,5). 거짓으로 모략 교리를 앞세워 추수꾼들을 보내서 교회를 분열시키고, 성도들의 삶과 가정을 무너뜨리는 신천지가 새 노래의 주인공이겠는가? 진품은 교회를 사랑하며 교회와 함께 끝까지 영적 순결함을 유지한다. 그러나 짝퉁은 교회를 미워하며 교회를 떠나 영적 간음을 행한다. 진품은 마지막까지 예수 그리스도의 고난의 흔적을 지니고 살지만, 짝퉁은 예수 그리스도를 떠나 적그리스도와 거짓 선지자들에게 속한 자로 산다.

02 지상 교회의 승리 메시지

하늘로부터 등장한 세 천사가 하나님의 심판과 지상 교회 성도들의 승리를 전해준다. 첫째 천사는 모든 사람들에게 전할 '영원한 복음'을 가지고 하나님의 심판의 시간이 이르렀음을 선포한다(계 14:6,7). 둘째 천사는 악을 상징하는 바벨론의 멸망을 선포한다(계 14:8). 셋째 천사는 사탄을 상징하는 짐승의 표를 받은 자들에 대한 심판을 선포한다. 그들은 모두 불과 유황으로 고난을 받고 밤낮으로 쉼을 얻지 못할 것이다(계 14:9-11).

그러나 이와는 대조적으로 마지막까지 인내함으로 하나님의 말씀과 예수 그리스도에 대한 믿음을 지킨 신실한 성도들은 영원한 안식을 취하게 된다.

"성도들의 인내가 여기 있나니 그들은 하나님의 계명과 예수에 대한 믿음을 지키는 자니라 또 내가 들으니 하늘에서 음성이 나서 이르되 기록하라 지금 이후로 주 안에서 죽는 자들은 복이 있도다 하시매 성령이 이르시되 그러하다 그들이 수고를 그치고 쉬리니 이는 그들의 행한 일이 따름이라 하시더라"(계 14:12,13).

기독교대한감리교 교리적 선언 8번은 "우리는 의의 최후 승리와 영생을 믿노라"라고 기록하고 있다. 그렇다. 하나님의 심판의 날은 두려움과 공포의 날이 아니다. 오직 악인에게는 그날이 죽음의 날이고 고통의 날이지만, 주님의 교회와 신실한 성도들에게는 회복의 날이며 영광의 날이고 승리의 날이다.

03 음녀 바벨론의 멸망

　요한계시록 17장과 18장에는 사탄의 왕국을 상징하는 바벨론의 멸망에 관한 말씀이 자세히 기록되어 있다. 주님은 요한에게 큰 바다 물 위에 앉은 큰 음녀를 보여주었다. 요한계시록에는 두 종류의 여자가 나온다. 하나는 어린 양의 혼인 잔치에 신부로 등장하는 여자이다(계 19:7; 21:9). 이 여자는 바로 그리스도의 신부가 되는 지상 교회를 상징한다. 또 하나는 음행으로 땅을 더럽게 한 큰 음녀이다(계 17:1,5,15,16; 19:2). 이 음녀는 지상 교회를 유혹하고 공격하는 사탄을 상징한다.

　요한계시록 17장은 그 음녀의 이야기로 시작된다. 땅의 임금들이 그와 함께 음행을 하고, 땅에 거주하는 사람들은 그 음행의 포도주에 취하였다(계 17:4-5). 무엇이 음행인가? 하나님보다 세상을 더 사랑하며 섬기는 것이 음행이다. 그러므로 세속 권력과 이 땅의 사람들이 영적으로 음행을 행하는 배후에는 언제나 음녀의 역사가 자리하고 있는 것이다.

지금 우리는 전 세계가 포스트모던의 세계관 아래서 가치의 상대성을 주장하며, 진리의 절대성을 부정하는 시대에 살고 있다. 화려하고 달콤한 세속적 문화와 문명, 그리고 인간을 춤추게 하는 욕망의 자본주의 이데올로기가 하나님의 교회와 성도들의 마음을 무섭게 빼앗아가고 있다. 영적으로나 육적으로 온통 음란의 영이 지배하는 세상 속에 살아가고 있다. 누가 영적으로 짝퉁인가? 바로 음녀와 더불어 음행을 행하며, 음행의 포도주에 취해 사는 사람들이다.

요한계시록 17장은 음녀의 실체를 정확히 드러낸다. 음녀는 바로 악의 세력을 상징하는 바벨론이다. "그 여자는 자주 빛과 붉은 빛 옷을 입고 금과 보석과 진주로 꾸미고 손에 금 잔을 가졌는데 가증한 물건과 그의 음행의 더러운 것들이 가득하더라 그의 이마에 이름이 기록되었으니 비밀이라, 큰 바벨론이라, 땅의 음녀들과 가증한 것들의 어미라 하였더라"(계 17:4,5). 음녀의 이름은 큰 바벨론이다. 그녀는 땅의 음녀들과 가증한 것들의 어미이다.

종교개혁자 마틴 루터의 3대 논문 중에 "교회의 바벨론 포로 (De Captiviate Babylonica Ecclesiae)"가 있다.[53] 루터는 로마 가톨릭 교회의 잘못된 성례관을 신학적으로 반박하며, 로마 가톨릭교회의 바벨론 포로를 선언하였다. 가톨릭 신학에서 교회론은 따로 존재하지 않는다. 그 자리에 성례론이 있을 뿐이다. 그만큼 성례가 중요하다. 교회는 성례를 집행하는 장소이다. 그래서 성례론이 곧 교회론이 되는 것이다. 그런데 성례가 복음의 길에서 벗어났으니 교회가 영적으로 바벨론 포로의 시대를 맞이한 것은 너무도 당연한 일이었다.

루터는 가톨릭교회의 성례를 비판하고, 교회의 권위를 성경에서 찾아야 한다고 주장하였다. 로마 가톨릭은 13세기 교황 클레멘스 4세 때에 일곱 가지 성사(세례성사, 견진성사, 성체성사, 고해성사, 혼인성사, 병자성사, 성품성사)를 교리화하였다. 16세기 트리엔트 공의회에서는 칠성사를 확립하였다. 오직 칠성사를 통해서 부활하신 그리스도를 체험할 수 있고, 하나님의 은총을 경험할 수 있다고 주장하였다. 교회는 성례를 행하는 기관이고 사제는 성례를 집행하는 존재이다. 그 외에 다른 그 어떤 곳이나 사람에 의해서 성례를 집행할 수 없다고 주장하였다. 왜곡된 성례론이 왜곡된

---

53 마틴 루터/ 존 딜렌버거 편집/ 이형기 옮김, 『루터 선집』 (파주: CH북스, 2020), 314-432.

교회론을 가져왔고, 결국 복음이 왜곡된 교회에 갇히는 결과를 초래했다.

땅의 음녀들과 가증한 것들의 어미인 큰 바벨론은 각 시대마다 다양한 모습으로 교회 안과 밖에서 활동하며 세상 사람들과 성도들을 음행의 포도주에 취해 살게 만들었다. 바벨론의 거대한 영향력과 막강한 힘은 거침이 없었다.

그러나 요한계시록 18장에 보면, 도저히 무너질 것 같지 않았던 이 큰 성 바벨론이 비참하게 무너져 내린다. 하늘로부터 내려온 천사가 큰 성 바벨론의 멸망을 선포한다.

"힘찬 음성으로 외쳐 이르되 무너졌도다 무너졌도다 큰 성 바벨론이여 귀신의 처소와 각종 더러운 영이 모이는 곳과 각종 더럽고 가증한 새들이 모이는 곳이 되었도다"(계 18:2).

왜 바벨론이 멸망하게 되었는가? 세 가지 영적인 이유가 있다. 첫 번째 영적인 이유는 '음행의 진노의 포도주' 때문이다.

"그 음행의 진노의 포도주로 말미암아 만국이 무너졌으며 또 땅의 왕들이 그와 더불어 음행하였으며"(계 18:3).

이 부분은 요한계시록 14장에서 예언한 내용을 상기시켜준다.

"무너졌도다 무너졌도다 큰 성 바벨론이여 모든 나라에게 그의 음행으로 말미암아 진노의 포도주를 먹이던 자로다 하더라"(계 14:8).

영적으로 음행의 포도주를 먹이는 자나 그와 더불어 음행의 포도주를 먹는 자는 모두 멸망을 피할 길이 없다. 음행으로 말미암아 하나님과 우리 사이의 '대신 관계'를 파괴한 죄가 바벨론 멸망의 첫 번째 원인이다.

왜 그 큰 성 바벨론이 무너졌는가? 두 번째 영적인 이유는 자신을 영화롭게 치장하는 '사치' 때문이다.

"그가 얼마나 자기를 영화롭게 하였으며 사치하였든지 그만큼 고통과 애통함으로 갚아 주라 그가 마음에 말하기를 나는 여왕으로 앉은 자요 과부가 아니라 결단코 애통함을 당하지 아니하리라 하니"(계 18:7).

바벨론은 사치를 통해서 자신을 신적 존재로 영화롭게 우상화하였다. 얼마나 사치하였는가 하면 금과 보석과 진주로 꾸민 세마포 옷과 자주 옷과 붉은 옷을 입고 다닐 정도로 사치하였다(계 18:16). 바벨론이 과도한 사치를 통해서 자기 자신을 영화롭게 한 만큼 바벨론을 고통과 애통으로 갚아 주겠다는 것이다.

16세기 스페인을 중심으로 수도원 개혁을 이끌었던 맨발의 성녀 아빌라의 테레사는 "하나님 한 분이면 충분합니다. 하나님 한 분이면 충분합니다. 하나님을 소유한 사람은 아무것도 더 이상 필요로 하지 않습니다"라고 고백하였다. 짝퉁은 언제나 사치스럽다. 그 안에 하나님이 없기 때문이다. 그러나 진품은 언제나 소박하고 청빈하다. 그 안에 하나님이 있기 때문이다. 개신교는 그동안 '청빈', '순결', '순명'의 영적 가치들을 너무 경홀히 여기며 살아왔다. 좋은 영적인 전통은 계승하는 지혜가 있어야 한다.

바벨론이 멸망한 마지막 이유는 무엇인가? 바벨론은 음행과 사치를 행하며, 수많은 선지자들과 지상 교회의 성도들을 핍박하였고, 착취와 억압으로 수많은 사람들의 피를 흘리게 했기 때문이다. 하나님은 결단코 그들의 죄를 묵과하지 않으셨다. 그래서 영원히 무너지지 않을 철옹성과도 같은 큰 성 바벨론이 하나님의 심판으로 한 시간만에 무너지고 말았다.

"화 있도다 큰 성, 견고한 성 바벨론이여 한 시간에 네 심판이 이르렀다 하리로다"(계 18:10).

쌓는 것은 어렵고 오랜 시간을 필요로 하지만, 무너지는 것은 시간을 필요로 하지 않는다.

바벨론의 멸망을 바라보며 심히 통곡하며 슬퍼하는 사람들이 있었다. 바벨론과 함께 음행과 사치와 착취를 일삼던 세상의 권력자들과 부자들과 영적 배교자들이다. 바로 이들이 영적으로 보면 짝퉁들이다. 그러나 바벨론의 심판을 바라보며 심히 기뻐하고 즐거워하는 자들이 있었다. 바로 지상 교회와 천상 교회 성도들과 사도들과 선지자들이다. 그래서 하늘의 큰 음성이 바벨론의 멸망을 바라보며 이렇게 외친다.

"하늘과 성도들과 사도들과 선지자들아, 그로 말미암아 즐거워하라 하나님이 너희를 위하여 그에게 심판을 행하셨음이라 하더라"(계 18:20).

하나님의 심판은 언제나 신실한 하나님의 사람들을 위한 축복의 선물이다. 그러므로 이 축복의 선물을 바라보며 기뻐하고 즐거워하는 사람들이 바로 진품 신앙인 것이다. 당신은 진품인가? 짝퉁인가? 부디 바벨론의 시대에서 진품으로 살아가는 순전한 성도와 거룩한 교회가 되길 바란다.

04 천상 교회의 노래와 백마를 탄 자

1) 천상 교회의 노래

요한계시록 19장에서는 하나님의 심판으로 음녀 바벨론이 멸망하자 천상 교회 성도들의 놀라운 찬양과 경배가 이어진다. 천상 교회의 허다한 무리들이 큰 소리로 '할렐루야'를 외치며 하나님을 찬양한다.

> "할렐루야 구원과 영광과 능력이 우리 하나님께 있도다. 그의 심판은 참되고 의로운지라 음행으로 땅을 더럽게 한 큰 음녀를 심판하사 자기 종들의 피를 그 음녀의 손에 갚으셨도다"(계 19:1,2).

천상 교회 성도들의 찬양과 경배를 통해서 우리는 몇 가지 하나님의 심판이 갖는 영적 의미를 발견하게 된다. 하나는 큰 음녀를 향한 하나님의 심판이 결코 포악하고 불의한 악한 행위가 아니라, 참되고 의로운 행위였다는 것이다. 요한계시록에 나타나는 하나님의 심판은 언제나 신실한 성도들의 피를 흘린 대가로 악인에게 주어지는 보응의 사건이었다. 바로 이것이 하나님의 심판이 갖는 정당성과 진실성이다.

하나님의 심판이 갖는 또 다른 영적인 의미는 그것이 전능하신 하나님의 자기 통치의 사건이라는 것이다.

"또 내가 들으니 허다한 무리의 음성과도 같고 많은 물 소리와도 같고 큰 우렛소리와도 같은 소리로 이르되 할렐루야 주 우리 하나님 곧 전능하신 이가 통치하시도다"(계 19:6,7).

하나님의 다스림은 하나님의 주권적 행위이다. 하나님의 주권(Divine Sovereignty)은 존 칼빈의 신학 사상 전체를 꿰뚫고 있는 핵심 사상이다. 하나님의 주권은 하나님의 사랑, 하나님의 은혜, 하나님의 정의 같은 하나님 자신의 여러 존재의 속성 중의 일부가 아니다. 오히려 그것은 하나님의 일하심, 역사하심, 통치하심의 총체적 표현이다. 즉, 그것은 예정, 창조, 섭리, 타락, 심판, 구속, 종말, 보존 등 역사의 전 과정을 통해서 일하시는 하나님의 완전성에 기인한다.[54] 우리가 하나님의 주권을 신뢰한다면, 어떤 환난이나 재앙 속에서도 결코 두려워하거나 놀라지 않을 수 있다. 진품 신앙은 바로 이 하나님의 주권을 신뢰한다. 그래서 진품은 언제나 흔들리지 않는 것이다.

또한 하나님의 심판의 열매는 무엇인가? 하나님의 심판은 단지 무서운 재앙과 파멸과 파괴의 사건만은 아니다. 하나님의 심판은 어린 양의 혼인 잔치로 그 끝을 맺는데, 천상 교회 성도들은 지상에서 음녀 바벨론이 멸망 당하는 순간 어린 양의 혼인 잔치를 축하한다.

"우리가 즐거워하고 크게 기뻐하며 그에게 영광을 돌리세 어린 양의 혼인 기약이 이르렀고 그의 아내가 자신을 준비하였으므로 그에게 빛나고 깨끗한 세마포 옷을 입도록 허락하셨으니 이 세마포 옷은 성도들의 옳은 행실이로다 하더라"(계 19:7,8).

어린 양은 누구인가? 신랑되신 예수 그리스도이시다. 그러면 신부는 누구인가? 바로 주님의 교회이다. 교회의 성도들은 모두가 영적으로 주님의 신부이다. 성도로서 누릴 수 있는 최고의 복

---

54 김영복, 『창조의 아름다움』(용인: 킹덤북스, 2021), 384.

은 무엇인가? 마지막 날 거룩한 신부로서 신랑되신 주님을 맞이할 수 있는 특권을 누리는 것이다. 중요한 것은 신부된 교회가 세마포 옷을 준비하는 것이다. 세마포 옷은 바로 '성도들의 옳은 행실'이다. 마지막 때에 우리의 삶이 변화되는 '생활 신앙'이 절실히 필요한 이유가 여기에 있다.

그런데, 모든 신부가 빛나고 깨끗한 세마포 옷을 입고 혼인 예식에 참여하는 것은 아니다. 어린 양의 혼인 예식을 위하여 '자신을 준비한' 신부들만이 그 영광스러운 축복을 누리게 된다. 마태복음 25장에 등장하는 슬기로운 다섯 처녀처럼, 늘 깨어 그릇에 기름을 담아 준비하다가 등과 함께 신랑을 맞이하는 사람들만이 혼인 잔치의 축복을 누릴 수 있는 것이다. 참으로 복이 있는 사람은 누구인가? 요한계시록 19장은 말한다. 어린 양의 혼인 잔치에 청함을 받은 사람들이 복이 있다는 것이다.

"천사가 내게 말하기를 기록하라 어린 양의 혼인 잔치에 청함을 받은 자들은 복이 있도다 하고 또 내게 말하되 이것은 하나님의 참되신 말씀이라 하기로"(계 19:9).

예수 그리스도의 초림으로 주님과 교회의 영적 연합이 시작되였지만 완전히 성취된 것은 아니었다. 마지막 예수님의 재림 때에 이르러 신랑과 신부, 주님과 교회의 완전한 연합이 이루어질 것이다. 진품 신부는 그 연합에 참여하게 될 것이다. 당신은 진품 신부인가? 아니면 짝퉁 신부인가?

2) 백마를 탄 자

또한 요한계시록 19장에는 종말론적 전쟁의 승리를 상징하는 천상 교회의 군대들과 그들을 이끄는 백마를 탄 자가 등장한다. 백마 탄 자의 이름은 '충신과 진실'이며, 그가 공의로 심판하며 싸운다(계 19:11). 그 눈은 불꽃같고, 그 머리에는 많은 관들이 있고, 하나님의 말씀이라 칭하는 피 뿌린 옷을 입었다. 하늘에 있는 천상 교회의 군대들이 희고 깨끗한 세마포 옷을 입고 그를 따른다. 그의 옷과 다리에 '만왕의 왕이요 만주의 주'라는 이름이 기록되어 있다(계 19:12-16). 따라서 백마 탄 자는 예수 그리스도를 나타내고 있음을 알 수 있다. 이것은 천상 교회에서 마지막 때에 재림 주 예수 그리스도와 그를 따르는 하늘의 영적 군사들을 나타낸 것이다. 그래서 요한계시록 19장은 "하늘이 열리며 백마와 백마 탄 자"(계 19:11)가 등장했다고 기록하고 있고, "하늘에 있는 군대들"(계 19:14)이 그를 따랐다고 기록하고 있다. 주님이 이끄시는 하늘의 하나님 군대의 모습이다.

그런데 신천지 이만희는 『천국의 비밀: 계시록의 진상』에서 백마와 백마 탄 자를 따로따로 해석하며, 백마는 신부이고 그 위에 탄 자는 신랑이라고 왜곡한다. 신랑이 백마를 탔다는 것은 신랑과 신부가 실제적 합일에 이른 것이라는 허황된 주장을 한다. 백마 신부는 '이 땅에서 그의 사명을 수행하는 육체 인간'(지상의 14만 4천명)이라고 말하고, 신랑은 재림 주 예수 그리스도인데 자신이 바로 백마를 탄 자라고 주장한다.[55] 마지막 때의 만왕의 왕이요 만주의 주인 재림 주 예수 그리스도가 바로 이만희 교주 자기 자신이라는 것이다. 그동안 하나님의 교회 안상홍과 세계일가공회 양도천과 같은 한국의 여러 교주들도 스스로 자신을 백마를 탄 재림주로 자처하며 백마를 타고 등장했다. 참으로 웃지 못할 일이다.

영적으로 진품과 짝퉁을 분별하는 기준은 여러 가지가 있다. 그중 하나가 신학적으로 '기독론의 문제'이다. 예수 그리스도를 어떻게 고백하느냐에 따라 진품이 되기도 하고 짝퉁이 되기도 한다. 자기 자신을 신격화하거나 우상화하여 스스로를 재림 주 혹은 메시야로 칭하는 자들은 모두가 짝퉁일 수밖에 없다.

---

55 『천국의 비밀』 91-93.

6부

'천 년'과 천년 왕국론(20장)

01 '천 년'이란 숫자의 의미

요한계시록 20장에는 천년 왕국과 마지막 때에 관한 놀라운 기록이 계시되어 있다. 사탄을 '천 년 동안' 결박한다.

"용을 잡으니 곧 옛 뱀이요 마귀요 사탄이라 잡아서 천 년 동안 결박하여 무저갱에 던져 넣어 잠그고 그 위에 인봉하여 천 년이 차도록 다시는 만국을 미혹하지 못하게 하였는데 그 후에는 반드시 잠깐 놓이리라"(계 20:2,3).

사탄을 천 년 동안 무저갱에 결박하고 그 천 년의 기간 동안 신자들은 그리스도와 왕 노릇한다.

"또 내가 보좌들을 보니 거기에 앉은 자들이 있어 심판하는 권세를 받았더라 또 내가 보니 예수를 증언함과 하나님의 말씀 때문에 목

베임을 당한 자들의 영혼들과 또 짐승과 그의 우상에게 경배하지 아니하고 그들의 이마와 손에 그의 표를 받지 아니한 자들이 살아서 그리스도와 더불어 천 년 동안 왕노릇 하니 (그 나머지 죽은 자들은 그 천 년이 차기까지 살지 못하더라) 이는 첫째 부활이라. 이 첫째 부활에 참여하는 자들은 복이 있고 거룩하도다 둘째 사망이 그들을 다스리는 권세가 없고 도리어 그들이 하나님과 그리스도의 제사장이 되어 천 년 동안 그리스도와 더불어 왕 노릇 하리라"(계 20:4-6).

천 년이 차면 사탄이 옥에서 잠시 풀려난다.

"천 년이 차매 사탄이 그 옥에서 놓여"(계 20:7).

요한계시록 20장에는 '천 년'이란 숫자가 무려 여섯 번(2, 3, 4, 5, 6, 7)이나 기록되어 있다. '천 년 동안'이란 얼마만큼의 기간을 의미하는가? 문자적으로 '천 년'을 해석해서는 안 된다. '천'(1,000)이란 숫자는 유대 문화와 전통에서 축복의 완전성을 상징할 때 사용하는 숫자이다. 그래서 신명기서는 하나님의 한없는 축복을 '천 배의 축복'(신 1:11)과 '천대의 은혜'(신 5:10)로 표현한다. 또 시편 기자는 티끌로 돌아가는 인생의 일각의 순간과 천 년의 시간을 대조한다.

"주께서 사람을 티끌로 돌아가게 하시고 말씀하시기를 너희 인생들은 돌아가라 하셨사오니 주의 목전에는 천 년이 지나간 어제 같으며 밤의 한 순간 같을 뿐임이니이다"(시 90:3-4).

사도 베드로는 '주의 날'을 준비하라고 권면하면서 주께는 "하루가 천 년 같고 천 년이 하루 같다"고 말한다(벧후 3:8). 이처럼 '천 년'은 문자적으로 '천 년'을 말하는 것이 아니라, 하나님의 시간의 관점에서 '천 년'을 말하는 것임을 알 수 있다. 그러므로 하나님 이외에 누구도 그 시간의 정확한 시점과 길이와 양을 알 수가 없다.

천 년에 대한 이런 시간적 이해를 가지고 사도 요한이 보았던 요한계시록 20장의 환상을 볼 필요가 있다. 사도 요한이 보니, 천사가 하늘로부터 내려와서 옛 뱀이요 마귀요 사탄인 용을 잡아서 천 년 동안 결박하여 무저갱에 던져 넣는다. 이는 천 년이 차도록 다시는 만국을 미혹하지 못하게 하기 위함이었다(계 20:1-3). 요한계시록 12장에 등장했던 천사장 미가엘과의 영적 전쟁에 패하여 하늘로부터 내쫓긴 옛 뱀이요 마귀요 사탄인 큰 용이 드디어 천 년 동안 무저갱에 던져지게 된 것이다. 이 사건에 대해 '이미 예수의 초림 시 일어난 사건인지' 아니면 '앞으로 재림

시 일어날 사건인지' 복음주의 학자들 사이에서도 해석이 다양하다. 필자의 입장에서, 이것은 이중적 해석이 가능하다고 본다. 사탄은 이미 예수 그리스도의 초림 사역으로 말미암아 주님 앞에서 철저히 굴복하게 되었다. 그러나 아직 우리의 역사 가운데에서는 살아 역사하고 있다. 마지막 주님께서 재림하실 때에 우리의 역사 안에서도 완전히 굴복하게 될 것이다. '이미'와 '아직'의 긴장 관계 속에 있는 것이다. '이미' 예수 그리스도 안에서 모든 사탄의 권세를 물리치고 하나님의 나라가 선취되었다. 그러나 '아직' 우리의 역사 속에서는 성취되지 않았다. 그래서 요한계시록 안에는 '이미' 승리한 천상 교회의 이야기와 '아직' 전투 중에 있는 지상 교회의 이야기가 함께 전개되고 있는 것이다.

천년 왕국도 이런 관점에서 해석이 가능하다. 사도 요한이 보니, 그 천 년 동안 성도들이 그리스도와 더불어 왕 노릇한다.

"또 내가 보좌들을 보니 거기에 앉은 자들이 있어 심판하는 권세를 받았더라 또 내가 보니 예수를 증언함과 하나님의 말씀 때문에 목 베임을 당한 자들의 영혼들과 또 짐승과 그의 우상에게 경배하지 아니하고 그들의 이마와 손에 그의 표를 받지 아니한 자들이 살아서 그리스도와 더불어 천 년 동안 왕 노릇 하니"(계 20:4).

이 천년 왕국에 관한 해석도 '이미'와 '아직'의 긴장 관계 속에서 해석할 필요가 있다. '이미' 예수 그리스도의 피로 구속받은 신실한 성도들은 이 땅에서부터 왕 노릇하게 되었다.

"일찍이 죽임을 당하사 각 족속과 방언과 백성과 나라 가운데에서 사람들을 피로 사서 하나님께 드리시고 그들로 우리 하나님 앞에서 나라와 제사장들을 삼으셨으니 그들이 땅에서 왕 노릇 하리라"(계 5:9,10).

사도 베드로는 이 땅의 성도들을 "너희는 택하신 족속이요 왕 같은 제사장들이요 거룩한 나라요 그의 소유가 된 백성들"이라고 칭하였다(벧전 2:9).

하나님의 나라는 '이미' 예수 그리스도의 초림 사역과 함께 '천상 교회'와 '지상 교회' 안에서 시작되었다. 그러나 우리의 역사 속에서 '아직' 그 나라는 완성되지 않았다. 그 날과 그 시는 우리가 알 수 없으나 주님께서 재림하실 때에 복음 전파를 위해서 순교한 영혼들과 짐승과 그 우상에게 경배하지 않고 그들의 이마와 손에 그 표를 받지 아니한 자들은 천 년 동안 그리스도와 더불어 왕 노릇 할 것이다.

02 천년 왕국에 대한 다양한 주장들

　기독교 역사를 통해서 '천년 왕국'에 대한 수많은 논쟁들이 있어 왔다. 그 논쟁은 지금도 현재 진행형이다. 기독교 영성 자체는 본래 종말론적 메시지를 내포하고 있다. 그러므로 종말론을 간과한 기독교 신앙은 존재할 수 없다. 중요한 것은 건강한 종말론을 정립하는 일이다. 천년 왕국론은 기독교 종말론을 정립하는데 언제나 그 중심에 자리해 왔다. 큰 틀에서 몇 가지로 나눠진다. 그 구별은 기본적으로 그리스도의 재림을 기준으로 한다. 그리스도의 재림이 천년 왕국 이전에 있다고 생각하는 주장을 '전천년설'이라고 하고, 재림이 '천년 왕국' 이후에 있다고 주장하는 이론이 '후천년설'이다. 그리고 천년 왕국 자체를 부정하는 입장이 바로 '무천년설'이다.

1) 무천년설(Amillennailism)

대단히 간단한 관점이다. 도표 1을 보면 쉽게 알 수 있다.

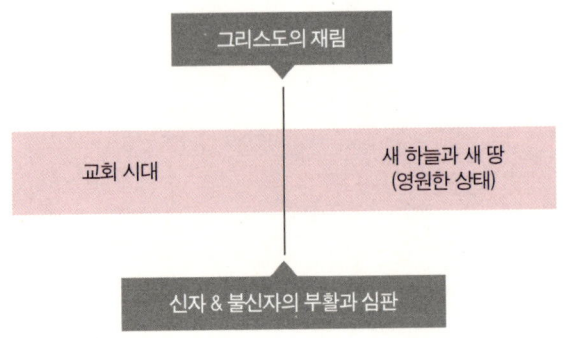

이 관점은 요한계시록 20장 1-6절이 현재 교회의 시대를 뜻한다고 주장한다. '천 년'이란 숫자는 은유적 표현이다. 그리스도와 함께 천 년 동안 다스릴 성도들은 이미 죽어 천국에서 그리스도와 함께 통치하고 있다는 것이다. 천 년 동안의 예수 그리스도의 통치는 이 땅에서의 육체적 통치를 뜻하는 것이 아니라 천상의 통치를 뜻한다고 주장한다. 현재의 교회 시대는 그리스도께서 재림하시기 전까지 지속될 것이다. 그리스도께서 재림하실 때 신자와 불신자의 부활이 일어날 것이다. 신자와 불신자나 모두 그리스도의 심판대 앞에 서게 될 것이다. 신자는 상급을 받고 천국의 완전한 즐거움으로 영원토록 들어가게 되나 반면 불신자는 영원한 정죄를 받게 될 것이다. 그때 새 하늘과 새 땅이 시작

될 것이다.

무천년설을 지지하는 이유는 무엇인가? 첫째, 성경 전체에 오직 한 본문만(계 20:1-7)이 그리스도께서 이 땅에서 천 년 동안 통치한다는 미래적 상황을 계시하고 있다는 것이다. 둘째, 요한복음 5:28-29절을 근거로 부활은 오직 한 번의 부활만 일어난다는 것이다.

"이를 놀랍게 여기지 말라 무덤 속에 있는 자가 다 그의 음성을 들을 때가 오나니 선한 일을 행한 자는 생명의 부활로, 악한 일을 행한 자는 심판의 부활로 나오리라".

신자와 불신자가 자신의 무덤 속에서 그리스도의 음성을 들을 때에 한 번에 함께 부활을 한다는 것이다.

2) 후천년설(Postmillennialism)

후천년설은 무천년설과는 달리 천 년의 기간을 인정한다. 물론 '천 년'을 문자적으로 고집하지는 않는다. 그러나 접두어 'post'가 칭하는 것처럼 그리스도께서 천 년 후에 재림하신다는 입장이다. 도표 2와 같다.

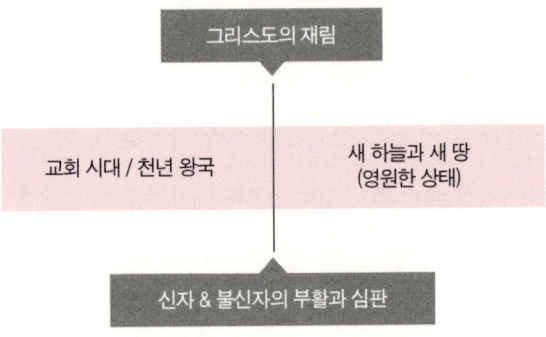

　복음이 온 누리에 전해지고 교회가 성장함으로써 많은 사람들이 회심하고 그리스도인 될 것이다. 종국에는 세상이 하나님의 뜻을 이루어드리는 사회로 변화될 것이다. 그때 비로서 완전한 형태의 '천 년 시대'가 열리게 되는 것이다. 여기서 '천 년'의 기간은 문자적 '천 년'을 의미하지 않는다. 매우 긴 시간을 의미한다. 이 천 년의 마지막에 그리스도가 재림하실 것이다. 그때 신자와 불신자가 부활할 것이고, 마지막 심판이 행해지고, 새 하늘과 새 땅이 열리며 영원한 상태로 들어가게 된다.

　후천년설을 지지하는 가장 큰 이유는 이것이다. 하늘과 땅의 모든 권세를 지니신 주님께서 마지막 명하시는 선교의 사역이 결국은 완성될 것이라는 확신 때문이다.

"하늘과 땅의 모든 권세를 내게 주셨으니 그러므로 너희는 가서 모든 민족을 제자로 삼아 아버지와 아들과 성령의 이름으로 세례를 베풀고 내가 너희에게 분부한 모든 것을 가르쳐 지키게 하라 볼지어다 내가 세상 끝 날까지 너희와 항상 함께 있으리라 하시니라"(마 28:18-20).

3) 전천년설(Premillennialism)

전천년설은 접두어 'pre'가 의미하듯 그리스도께서 천 년 전에 재림하실 것이라는 입장이다. 전천년설은 가장 오랫동안 지지를 받아온 주장이다.

(1) 세대주의적 전천년설(Dispensational Premillennialism)

전천년설의 역사는 2세기로 거슬로 올라가지만, 세대주의적 전천년설은 19세기 중반 영국 형제회 출신의 존 넬슨 다비(John Nelson Darby)와 그의 동역자들에 의해서 시작되었다. '세대주의'는 하나님의 역사 경륜 전체를 에덴 시대, 노아 시대, 열조 시대, 이스라엘 시대, 교회 시대, 천년 왕국 시대 등 여러 세대로 나누어서 해석한다. 그리스도는 천년 왕국 이전뿐 아니라 대환난 이전에 재림하신다는 입장을 취한다. 도표 3과 같다.

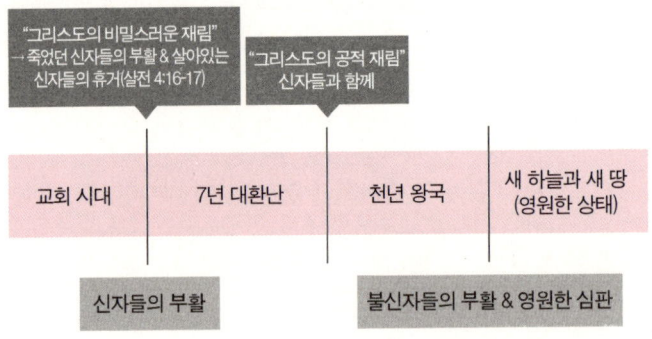

　대환난이 있기 전 그리스도가 신자들을 하늘로 취하기 위하여 비밀스럽게 재림하신다.[56] 이때 죽었던 신자들이 부활하고, 살아 있는 신자들과 함께 들림을 받아 하늘로 올라간다.[57] 이 일 후에 이 땅에는 7년 동안의 대환난이 시작될 것이다. 다시 그리스도가 신자들과 함께 이 땅에 재림하셔서 천 년 동안 왕으로 통치하신다. 이 기간 동안 유대인들을 위한 구약의 경륜이 실제적으로 회복된다. 천 년 왕국에서 이스라엘은 팔레스타인 땅으로 회복될 것이다. 그리스도는 다윗의 보좌에 앉으시고 예루살렘에서 세상을 다스리신다. 구약 성전 예배와 제사장 제도도 회복된다. 천년이 지난 후 잠시 배도가 일어나는데, 그때 사탄과 그의 무리들

56　이 비밀스러운 재림을 '휴거'(rapture)라고 칭한다. 이 말은 라틴어 '라피오'(rapio)에서 온 말이다. '잡아채다, 움켜쥐다, 운반해 가다'란 뜻이다.
57　이것은 데살로니가전서 4장 16-17절에 근거한 주장이다. "주께서 호령과 천사장의 소리와 하나님의 나팔 소리로 친히 하늘로부터 강림하시리니 그리스도 안에서 죽은 자들이 먼저 일어나고 그 후에 우리 살아 남은 자들도 그들과 함께 구름 속으로 끌어 올려 공중에서 주를 영접하게 하시리니 그리하여 우리가 항상 주와 함께 있으리라."

은 참패를 당하고 불신자들의 부활과 최후 심판이 있게 된다. 그리고 새 하늘과 새 땅의 영원한 나라가 시작된다.

세대주의적 주장의 한계는 이것이다. 구약 시대의 선민으로서의 유대인의 특권을 강조한다. 하나님의 구원 역사의 중심에 혈통적 유대인 혹은 혈통적 이스라엘이 자리한다. 이방인으로 구성된 교회가 하나님의 구원의 역사의 중심이 아니다. 이방인의 때가 지나면 최종적으로 유대인들이 다시 하나님의 백성의 지위를 회복하게 될 것이다. 천년 왕국도 유대인 중심의 국가가 될 것이다. 일종의 '이스라엘 회복 운동'이다. 세대주의는 유대인과 이방인이 모두 예수 그리스도 안에서 영적으로 한 몸을 이루는 하나의 교회가 되었다는 사실을 인정하지 않는다. 혈통적 차원의 유대인 공동체만을 하나님의 참백성이라고 주장한다. 구약의 이스라엘과 신약의 교회 사이의 관계성을 전혀 인정하지 않는다.

(2) 역사적(전통적) 전천년설(Historical Premillennialism)

역사적 전천년설은 사도 시대 이후 현재에 이르기까지 가장 많은 학자들의 지지를 받고 있는 해석이다. 요한계시록에 기초한 성경적 근거를 가지고 가장 잘 해석한 주장이라고 생각된다. 요한계시록에 근거해서 재구성을 해 보았다. 도표 4를 참조하라!

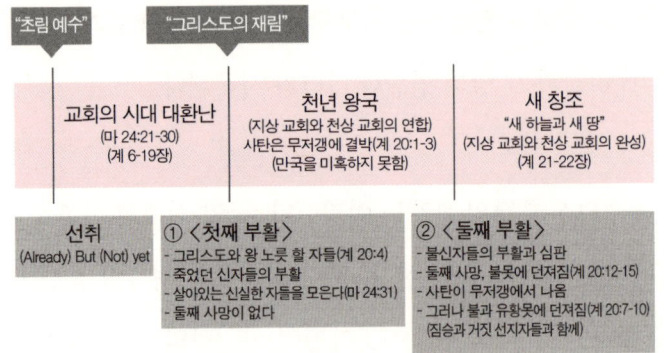

예수님의 초림 이후 교회의 시대가 있고, 교회의 시대의 마지막에는 대환난과 고통이 찾아온다. 이것은 이미 요한계시록 6장부터 19장까지 전개된 세 가지 심판과 교회의 영적 전쟁을 통해서 계시된 내용들이다. 대환난의 시대 이후에 그리스도께서 천년 왕국을 세우시기 위해 재림하신다. 그리스도께서 재림하실 때 이미 죽었던 신자들은 부활할 것이다. 이것이 첫 번째 부활이다. 죽음에서 부활한 신자와 그리스도의 재림 때 살아있던 신자는 절대 죽지 않을 영광스러운 부활체를 가지고 그리스도와 함께 천 년 동안(일부 전천년설 지지자는 천 년을 문자적으로 주장, 그러나 다른 지지자들은 천 년의 기간을 오랜동안 지속될 상징적 시간으로 이해한다) 완전한 의로움 가운데 왕 노릇한다.[58] 온 땅에는 평화가 깃든다. 그

---

58 부활한 몸은 썩는 몸이 아니라 썩지 아니하는 몸(고전 15:42)이며, 욕된 것이 아니라 영광스러운 것(고전 15:43)이며, 약한 것이 아니라 강한 것(고전 15:43)이며, 육의 몸이 아니라 신령한 몸(고전 15:44)이다. 예수님이 보여주셨던 것처럼, 부활한 몸은 시간과 공간을 초

동안 사탄은 '무저갱'에 갇히게 되어 아무런 영향력을 행사하지 못한다(계 20:3).[59] 천년 왕국을 통해서, 지상 교회와 천상 교회가 하나로 연합하게 된다.

그러나 천년 왕국이 아직 완전한 교회의 완성은 아니다. 완전한 교회의 완성은 새 창조의 역사, 즉 '새 하늘과 새 땅'의 역사를 통해서 성취된다. 천 년이 지난 후 잠시 사탄은 풀려날 것이고, 불신자들을 위한 둘째 부활이 있을 것이다. 사탄과 거짓 선지자들은 '불과 유황 못'에 던져지고(계 20:10), 불신자들은 심판을 받고 '불못'에 던져진다(계 20:14-15).[60] 이것이 둘째 사망이다. 그때에 온전한 교회의 완성인, 새 하늘과 새 땅이 도래한다. 즉 새 창조(New Creation)를 통한 영원한 세계가 시작된다.

월하면서도 만질 수도 있고 음식을 취할 수도 있는 몸이다.
59 '무저갱'은 '아뷧수'의 번역이다. 영어로 그냥 'Abyss'로 번역하는데, 문자적으로는 '바닥이 없는 우물이나 웅덩이'를 나타낸다. 본래 무저갱은 천지 창조 시 하나님이 하늘 위의 물과 하늘 아래의 물을 나누실 때(창 1:6,7) 땅 아래에 가두어 둔 물과 관련된 웅덩이다. 이곳은 악한 자들을 가두어 두는 감옥으로 사용되었으며, 로마서 10:7절에서는 '무저갱'을 죽은 자들이 내려가는 '음부(Hades)'와 같은 뜻으로 표현하고 있다. '음부'는 또한 '스올(Sheol)'과 같은 의미로 사용된다. 사무엘상 2:6절의 '음부'를 새번역에는 '스올'로 번역하기도 한다. '스올'은 죽은 사람들이 가는 처소 혹은 무덤으로 영적으로는 형벌과 고난의 장소를 의미한다. 요한계시록에서는 '무저갱'을 악한 짐승들의 거처나 사탄이 천 년 동안 결박될 장소로 묘사하고 있다(계 11:7 ; 17:8 ; 20:1-3).
60 하나님께서 '음부'와 '사망'을 '불못'(the lake of fire)에 던지신다는 말은 사망과 음부의 권세가 의인화된 표현으로, 최후의 심판에 영원히 타는 불못에 던져진다는 뜻이다. 이것을 '둘째 사망'이라고 했다. 첫째 사망이 단순히 인간의 육체적 죽음을 의미한 것이라면, 둘째 사망은 하나님과의 영원한 단절을 의미한다. 하나님께서 내리시는 최후의 영원한 형벌이다. '불못'은 요한계시록 19:20절에 언급된 '유황불 붙는 못'과 요한계시록 20장 10절에 기록된 불과 유황 못과 같은 곳이다. 중요한 것은 그곳에 '짐승과 거짓 선지자', 그리고 '사탄'과 그의 유혹에 넘어가 하나님을 대적한 자들이 던져지게 된다는 것이다.

신천지 이만희는 천년 왕국에 대한 해석의 다양성을 뚫고 들어와서 요한계시록 20장의 천년 왕국이 재림 주인 자신을 중심으로 이루어졌다고 주장한다. 그 실상이 바로 신천지 집단이다. 그래서 신천지 집단을 '천년성'이라고 부른다. 그러면 언제 천년 왕국이 시작되었는가? 신천지가 세워진 1984년 3월 14일에 시작되었다는 것이다. 어디서 시작되었는가? 바로 경기도 과천이다. 그리고 천년 왕국에 들어갈 자격은 예수 그리스도의 복음을 위하여 순교한 영혼들도 아니고, 사탄을 상징하는 짐승과 그의 우상에게 경배하지 아니하고 그들의 이마와 손에 그의 표를 받지 아니한 신실한 지상 교회 성도들도 아니다. 오직 자신이 인정한 사람들만이 천년성에서 왕 노릇한다는 것이다. 참으로 허무맹랑한 주장이 아닐 수 없다.

4) 종말론적 천년 왕국설(Eschatological Millennialism)

(1) 희망의 종말론

위르겐 몰트만(Jürgen Moltmann)은 종말론의 가치를 신학의 가장 중요한 자리로 소환했다. 몰트만은 종말론을 조직신학의 한 분야가 아니라, 신학 전체의 주제라고 주장한다. 종말론은 기독교 신학의 마지막이 아니라 그 시작이 되어야 한다고 주장한다.

몰트만은 "끝 안에-시작이 있다"는 말로 기독교 종말론을 시작한다.[61] 예수 그리스도의 십자가의 죽음이 부활의 새 희망의 역사를 만들었고, 그리스도의 부활은 인격적, 역사적, 우주적 차원의 새로운 시작인 만물의 새로운 창조의 문을 열었다. 그리스도의 희망 안에서 '역사의 종말'은 시간적 역사의 끝인 동시에, 삶의 영원한 역사의 시작, 즉 하나님의 참된 창조의 시작이다. 밧모 섬의 요한도 세계의 '마지막 날'을 파멸로 보지 않고, 모든 사물의 새 창조의 첫날로 보았던 것이다(계 21:5, "...보라 내가 만물을 새롭게 하노라...").

몰트만은 현대 그리스도인들을 위해서 종말론의 중요성과 올바른 방향을 신학적으로 재정립하고자 노력했다. 그런 노력의 산물이 바로 그의 명저 『오시는 하나님: 기독교적 종말론』이다. 몰트만의 신학은 기독교 종말론에 근거를 두고 있다. 그의 종말론은 『희망의 신학』에서 출발해서 『오시는 하나님: 기독교적 종말론』으로 완성되었다고 말해도 과언이 아니다. 몰트만의 종말론은 철저히 예수 그리스도에게 근거하고 있다. 예수 그리스도의 부활과 그의 미래가 우리의 신앙의 내용이고 희망의 근거이

---

61 위르겐 몰트만/김균진 옮김. 『오시는 하나님: 기독교적 종말론』 (서울: 대한기독교서회, 1997), 13. 다음부터 『오시는 하나님』으로 약칭될 것이다.

다. 종말론은 그리스도를 통해서 참된 희망을 선사하는 일종의 희망의 종말론이다. 이 희망의 종말론이 기독교 신앙의 시작이며 기독교 신학의 핵심이라는 것이다.

몰트만에 의하면, 성서의 메시지는 하나님의 약속과 인간의 희망으로 가득 차 있다. 특별히 예수 그리스도의 부활 사건은 미래의 희망의 문을 여는 그 자체로 희망의 사건이다. 몰트만의 종말론은 그리스도의 부활에 근거한 '희망론'이다. 물론 그 희망은 언제나 갈등을 겪는다. 십자가와 부활의 갈등이 그것이다.

"의의 미래는 죄와 갈등하고, 생명은 죽음과 갈등하고, 영광은 고난과 갈등하고, 평화는 분열과 갈등한다."[62]

이런 희망을 몰트만은 "희망에 저항하는 희망"이라고 칭한다. 바로 부활의 희망이 일으키는 모순들이다. 그러나 희망은 이러한 모순 속에서 자신의 힘을 입증한다. 희망은 신앙의 떨어질 수 없는 동반자이다. 희망이란 하나님의 약속을 확신하고, 그 약속이 성취되기를 기대하는 행위이다. 희망은 그리스도에 대한 신앙을 넓혀주고, 신앙을 생활 속으로 인도한다. 그리스도의 부활

---

62 『오시는 하나님』 25.

을 통해서 인식된 희망은 하늘의 영원한 희망이 아니라, 그의 십자가가 서 있는 이 땅의 미래의 희망이다. 그러므로 절망은 "희망에 저항 죄"가 된다.[63]

몰트만에 의하면, 기독교의 종말론은 네 가지 지평을 갖는다.
1) 인간적 인격들의 부활과 영원한 삶을 위한 하나님에 대한 희망이다. 곧 '영원한 삶'을 위한 '개인적 희망'이다. 몰트만은 이것을 '인격적 종말론'이라고 칭한다.
2) 땅과 함께 가지는 인간의 역사를 위한 하나님에 대한 희망이다. 즉 '하나님의 나라'를 위한 '역사적 희망'이다. 몰트만은 이것을 '역사적 종말론'이라고 말한다.
3) 세계의 새 창조를 위한 하나님에 대한 희망이다. 즉 새 하늘과 새 땅을 위한 '우주적 희망'이다. 이것을 몰트만은 '우주적 종말론'이라고 칭한다.
4) 하나님의 영광을 위한 하나님에 대한 희망이다. 이것이 바로 하나님의 영화와 영광을 위한 '신적 종말론'이다.[64]

---

63 Ibid., 30.
64 Ibid., 22.

(2) 종말론적 천년 왕국론

몰트만은 복음주의 신학자들처럼 요한계시록의 천년 왕국을 인정한다. 단지 그 해석에서 '역사적 묵시 사상'을 거부한다. 역사적 묵시 사상을 인간의 종말을 제시하는 세속화된 현대의 묵시 사상이라고 비판한다. 그것은 비관주의적이고 파멸적인 묵시 사상이다. 이미 파멸로 결정된 "닫혀진 역사관"에 근거한 역사적 결정론의 산물이다. 그러나 기독교 묵시 사상은 '열려진 역사관'을 가진 '종말론적 묵시 사상'이라고 주장한다. 종말론적 묵시 사상은 종말을 세계의 대재난이나 파멸을 넘어서는 하나님의 구원 받은 세계 곧 "새 하늘과 새 땅"에 대한 하나님의 약속과 희망의 세계로 안내한다. 그렇지만 몰트만은 경박한 낙관주의는 경계한다. 왜냐하면 종말론적 묵시 사상의 희망은 이 땅의 모든 고난과 고통 속에서 참고 인내하는 '위험 속의 희망(Hoffnung in Gefahr)'이기 때문이다.[65]

몰트만은 기존의 천년 왕국설에 대한 어느 한 입장을 취하지는 않는다. 단지 요한계시록 20장에 나오는 천년 왕국에 대한 신학적 해석과 그 실천 과제를 제시한다. 몰트만은 자신의 천년 왕국에 대한 이해를 '종말론적 천년 왕국론'이라고 칭한다. 이것

---

65 『오시는 하나님』, 190.

은 이 세계의 저항과 고난과 추방 가운데서 필연적인 '희망의 상(Bild)'이라고 주장한다.[66] 바로 이것이 '희망의 상으로서 천년 왕국'이다. 이 희망의 뿌리는 구약 성서와 유대교 문헌들에 있다. 새 하늘과 새 땅의 서곡처럼 계시된 요한계시록 20장의 '천년 왕국'은 단순한 사변이 아니라, 실재하는 기독교 역사관을 보여준다. 즉 그리스도의 통치의 위대함과 영원함을 보여주는 상징이라는 것이다.

이것은 로마 황제 도미시안의 박해 속에서도 결코 절망하지 않고, 끝까지 신앙을 지킬 수 있는 힘을 제공했다. 로마와 사탄의 통치는 영원하지 않다. 결코 그들이 모든 것의 지배자들이 아니다. 천년 왕국은 세상의 불의가 심판을 받고, 사탄이 결박당하고 성도들은 그리스도와 함께 왕노릇 하게 될 것이라는 희망을 선사한다. 이런 의미에서 천년 왕국은 고난 당하고, 피 흘리며 순교하는 자들에게 희망의 상징이다. 즉 천년 왕국은 현 세계를 지배하는 모든 악의 세력들에 대한 하나님의 궁극적 승리에 대한 확신과 희망의 표현이다. 그 희망은 세계 제국들의 불의에 대한 저항과 그들의 우상 숭배와 권력을 뿌리칠 수 있는 실천적

---

66 Ibid., 338.

삶을 우리에게 선물한다.[67] 이러한 희망의 상으로서 천년 왕국은 요한계시록 당시뿐 아니라 현재 고난 당하는 성도들에게도 놀라운 힘을 제공한다. 천년 왕국론은 어떤 경우에도 타계적 신앙이나 역사에 대한 비관주의에 빠지지 않게 해준다. 오히려 적그리스도와 대항해서 승리하는 그리스도의 통치의 상징으로 자리한다. 이러한 시각에서 몰트만은 외친다. Dum spiro-spero!(숨을 쉬는 한, 나는 희망한다).

---

67 Ibid., 269.

7부

새 창조와 교회의 완성
(21-22장)

01 새 창조: 창조의 완성

요한계시록 21장과 22장은 계시록의 결론이자 하나님의 구원 역사의 완성을 보여주는 놀라운 말씀이다. 처음 하늘과 처음 땅이 사라지고 '새 하늘과 새 땅'이 임한다(계 21:1). 이것은 세계의 종말이 파멸이 아니라 새로운 하나님의 나라의 완성임을 알리는 것이다. 최후의 심판 이후에 질적으로 전혀 다른, 새롭고 영원한 하나님의 세계가 펼쳐진다. 종말은 '이미'와 '아직'의 긴장 관계 속에 있었던 하나님의 나라가 하나로 완성되는 새 창조의 사건으로 나타난다.

기독교 경전은 세 가지 차원의 창조를 계시하고 있다. 첫째는 태초의 창조이다. 창세기 1장 1절에서 그 기록을 발견한다. "태초에 하나님이 천지를 창조하시니라." 이것을 '원창조'라고 말한다. 원창조는 두 가지 차원에서 이해할 수 있다. 하나는 '무로부터의 창조'(creatio ex nihilo)이다. 여기서 '창조하다'(bara)와 '만들다'(asah)가 차이를 갖는다. 하나님 외에 누구도 '절대 무'로부터 그 어떤 것도 존재하게 할 수 없다. 창조는 오직 신의 영역이다. 인간의 영역에서 사용될 용어가 아니다. 하나님을 창조의 주어로 이해할 때 우리는 그분을 '전능하신 하나님'(omni-potent Being)이라고 부르게 되는 것이다.

또 하나는 '사랑으로부터의 창조'(cratio ex amore Dei)이다. 하나님의 천지 창조는 세상에 대한 하나님의 자기 사랑의 가장 강력한 표현이다. 만약에 하나님이 세상을 사랑하지 않으셨다면 천지 창조는 불가능했을 것이다. 하나님은 모든 곳에 현존하시는 분(omni-present Being)이신데, 어떻게 그분조차 존재하지 않는 '절대 무(omnino nihil)의 공간이 가능하였겠는가? 하나님은 자신이 사랑하는 세상을 위해서 자신의 존재의 속성인 '현존성'조차 포기하신 것이다.

'사랑으로부터의 창조'는 예수 그리스도의 십자가 죽음의 신비를 벗겨준다. 하나님의 아들이시고 그분 자신이 삼위일체 하나님이신데, 어떻게 주님이 십자가상에서 죽으실 수가 있는가? 우리를 너무도 사랑하셔서 우리를 구원하시기 위해서 스스로 자신의 가장 소중한 존재의 속성인 '영원성'을 포기하신 사건이 바로 십자가 사건이다. 여기서 창조의 영성과 십자가 영성이 만난다.

둘째는 계속되는 창조이다. 하나님의 창조는 태초의 사건으로 끝난 것이 아니라 계속적으로 진행 중인 사건이다. 하나님은 회복과 구원의 손길을 통해서 오늘도 우리를 새롭게 창조하고 계신다. 이것을 '현재적 창조'라고 말한다. 이사야는 이것을 이사야서 65장 17절에서 이렇게 기록하고 있다.

"보라 내가 새 하늘과 새 땅을 창조하나니 이전 것은 기억되거나 마음에 생각나지 아니할 것이라."

사도 바울은 이 현재적 창조를 이렇게 증언하였다.

"그런즉 누구든지 그리스도 안에 있으면 새로운 피조물이라 이전 것은 지나갔으니 보라 새것이 되었도다"(고후 5:17).

감리교의 창시자 존 웨슬리는 이것을 골로새서 3장 10절을 인용하여 설명한다.

"새 사람을 입었으니 이는 자기를 창조하신 이의 형상을 따라 지식에까지 새롭게 하심을 입은 자니라."

예수 그리스도 안에서 잃었던 하나님의 형상을 회복하는 구원의 사건을 창조의 갱신으로 이해한 것이다.

셋째는 새 창조이다. 이것을 다른 말로 '창조의 완성'이라고 말한다. 이것을 요한계시록 21장 1-2절은 이렇게 기록하고 있다.

"또 내가 새 하늘과 새 땅을 보니 처음 하늘과 처음 땅이 없어졌고 바다도 다시 있지 않더라 또 내가 보매 거룩한 성 새 예루살렘이 하나님께로부터 하늘에서 내려오니 그 준비한 것이 신부가 남편을 위하여 단장한 것 같더라."

이처럼 창조의 사건은 태초의 한 순간에 끝난 사건이 아니다. 창조의 사건을 '원창조', '현재적 창조', '창조의 완성'이라는 신학적 눈으로 해석할 때 비로소 기독교 경전 전체가 말하는 창조의 의미가 보다 명확하게 드러난다.

몰트만은 시간적 창조의 완성을 각 종말론의 관점에서 다음과 같이 정의한다.

> "시간적 창조의 완성은 인격적 종말론에서는 시간적 삶으로부터 영원한 삶으로의 전이이고, 역사적 종말론에서는 역사로부터 영원한 하나님의 나라로의 전이이며, 우주적 종말론에서는 시간적 창조로부터 영원한 '신격화된' 세계의 새 창조로의 전이이다."[68]

창조의 완성은 시간의 종말이며 공간의 종말이다. 이것은 다른 말로 시간의 영원한 성취이며 공간의 영원한 성취이다. 시간적 창조는 영원한 창조로 변화되며, 공간적 창조는 편재적 창조로 변화된다. 더 이상 우리가 지금 경험하는 시간과 공간은 존재하지 않는다. 영원한 시간과 영원한 현존의 공간이 시작된다. 그 새로운 시간과 공간 안에서 만물은 새롭게 창조된다.

> "보좌에 앉으신 이가 이르시되 보라 내가 만물을 새롭게 하노라…."(계 21:5).

하나님으로부터 소외된 시간과 공간의 허무성(죄성)은 완전히 사라지고 하나님의 영원한 시간 속에서 영원히 내주하시는 하나

---

68 『오시는 하나님』 453.

님의 현존을 경험하는 삶을 살게 된다.

"모든 눈물을 그 눈에서 닦아 주시니 다시는 사망이 없고 애통하는 것이나 곡하는 것이나 아픈 것이 다시 있지 아니하리니 처음 것들이 다 지나갔음이러라"(계 21:4).

바로 교회의 완성으로서의 새 하늘과 새 땅이 시작된 것이다.

02 교회의 완성: 지상 교회와 천상 교회의 완전한 연합

'새 하늘과 새 땅'이 도래하고 그곳에 '거룩한 성 새 예루살렘'이 하늘로부터 내려온다. '거룩한 성 새 예루살렘'은 요한계시록 17장에 기록된 '큰 성'이나 '큰 바벨론'과 대조되는 '거룩한 성'으로서 새 창조의 역사를 통해서 완성된 교회 공동체를 상징한다. 지상의 예루살렘 공동체가 그토록 갈망하며 고대하였던 '하늘의 예루살렘 공동체'가 도래하는 것이다. 몰트만은 새 예루살렘을 "생명의 물"과 "생명의 나무"를 가지고 영원한 생명을 거저주는 '파라다이스'요, '거룩한 도시'이며, '우주적 성전'이라고 칭하였다.[69]

그래서 요한계시록 21장은 '거룩한 성 새 예루살렘'의 도래를

69　Ibid., 533. 몰트만은 새 예루살렘을 하나님의 완전한 '전원도시'로 묘사한다. 에덴동산의 삶의 충만함과 아름다움이 그 속에서 다시 회복된다. 그러나 그것은 그것 이상이다(536).

마치 "그 준비한 것이 신부가 남편을 위하여 단장한 것 같더라"라고 했다(계 21:2). 요한계시록에서 신랑은 어린 양 예수 그리스도를 상징하고, 신부는 교회 공동체를 상징한다. 어린 양 되시는 예수 그리스도께서 신부인 새 예루살렘으로 상징되는 교회와 혼인 잔치를 치르시고(계 19:7-9) 새 언약의 완성으로 도래하시는 것이다. 전투하는 지상 교회와 승리한 천상 교회가 드디어 예수 그리스도 안에서 하나로 완전히 연합하는 감동적인 장면이다. 더 이상 성속의 구분이 의미없는 모든 것 안에 모든 것 되시는 하나님 품에 영원히 거하는 교회의 완성이 이루어진다.

그때의 상황을 요한계시록은 이렇게 묘사하고 있다. 그때에 하늘 보좌에서 큰 음성이 들려온다.

> "내가 들으니 보좌에서 큰 음성이 나서 이르되 보라 하나님의 장막이 사람들과 함께 있으매 하나님이 그들과 함께 계시리니 그들은 하나님의 백성이 되고 하나님은 친히 그들과 함께 계셔서"(계 21:3).

이 환상은 레위기 26장의 말씀이 온전히 성취된 모습이다.

> "내가 내 성막을 너희 중에 세우리니 내 마음이 너희를 싫어하지 아

니할 것이며 나는 너희 중에 행하여 너희의 하나님이 되고 너희는 내 백성이 될 것이니라"(레 26:11,12).

구약에서 '사람들의 무리'를 지칭하는 '카할'이 '하나님의 총회' 혹은 '하나님의 백성'으로 사용될 때, 그것은 '하나님의 언약 공동체' 혹은 '하나님의 공동체'를 의미하는 말로 사용되었다. 신약에서 교회를 칭하는 '에클레시아'는 하나님의 백성을 나타내는 '카할'을 헬라어로 번역한 것이다. 그러므로 하나님의 영광과 임재를 상징하는 성막은 바로 교회 공동체를 상징하는 것이고, 요한계시록 21장은 지금 그 교회 공동체에 대한 언약이 완전히 성취되는 사건을 기록하고 있는 것이다. 교회 공동체를 통해서 진정으로 하나님은 우리의 하나님이 되고, 우리는 그분의 백성이 되는 것이다.

그런데 바로 이때에 '이기는 자'와 '지는 자'가 극명하게 갈라진다. 다시 말해서 '진품'과 '짝퉁'이 갈라진다. 어린 양의 생명책에 기록된 자들과 그렇지 못한 자들이 갈라지는 것이다(계 21:27). '이기는 자들'의 축복이 무엇인가? 하나님이 그들과 함께 해주시고 그들은 모두 하나님의 백성이 된다. 그리고 하나님이 친히 그들의 모든 눈물을 눈에서 닦아 주신다. 그들에게 다시는 사망이 없고 애통하는 것이나 곡하는 것이나 아픈 것이 다시 있지 않게 해 주신다(계 21:4). 무엇보다 '이기는 자들'은 하나님으로부터 '생명수 샘물'을 공급받고 하나님의 상속자로서 하나님은 그들의 하나님이 되고 그들은 하나님의 자녀가 되는 축복을 누리게 된다(계 21:6,7). 그들은 하나님과 및 어린 양의 보좌로부터 흘러나오는 '생명수의 강'을 보게 될 것이고 그 강 좌우에 자리한 '생명나무'의 축복을 누리며, 주 하나님과 세세토록 '부활인'으로 왕 노릇하게 된다(계 22:1-5).

개혁신학에 의하면, 성도는 네 가지 상태를 거친다.

1) 타락 이전의 '본래적 인간'. 하나님의 형상으로 지음받은 존재이다. 선과 악을 스스로 선택할 수 있는 자유 의지를 지닌 존재이다.
2) 타락 이후의 '타락인(죄인)'이다. 영적으로 죽었고 죄의 본성을 지닌 존재이다.
3) 예수 그리스도 안에서 거듭난 '중생인'이다. 중생하였으나 아직 죄의 본성이 자리하고 있다. 성령의 인도하심을 따라 성화의 과정을 밟아가야 하는 존재이다.
4) 죽은 이후 그리스도의 재림 시 부활하게 되는 '부활인'이다.

죄의 본성으로부터 완전히 해방되고, 영원히 살 수 있는 새로운 존재이다.

그러나 반대로 '지는 자들'은 비참한 운명에 처해지게 된다. 누가 생명책에 기록되지 못한 '지는 자들'인가? 그들은 두려워하는 자들이고 믿지 아니한 자들이고 흉악한 자들이고 살인자들이며 또한 음행하는 자들이고 점술가들이고 우상 숭배하는 자들이고 거짓말하는 자들이다(계 21:8). 그들은 모두 불과 유황으로 타는 못에 던져지는 둘째 사망을 맞이하게 된다.

교회 공동체의 신실한 성도들을 상징하는 '이기는 자들'에게 종말은 결코 두려움과 파멸과 멸망이 아닌 것이다. 종말은 교회의 완성을 통해서 그들에게 기쁨과 구원과 승리의 감격을 가져다주는 가슴 벅찬 희망의 사건인 것이다. 천지 창조로 시작된 하나님의 창조의 역사가 거룩한 성 새 예루살렘의 도래와 함께 교회 공동체 안에서 완성된 것이다. 새 창조를 통한 교회의 완성이 바로 요한계시록의 영적 주제인 것이다. 그러므로 요한계시록은 '종말'이 아니라, 지상 교회와 천상 교회라는 '교회론적'의 관점에서 묵상할 때 그 영적인 의미가 밝히 드러난다. 요한계시록은 지상 교회와 천상 교회를 통해서, 교회의 본질과 교회의 영적 싸움, 그리고 교회의 최후 승리가 무엇인지를 알려주는 놀라운 말씀의 책이다.

중요한 것은 종말의 시대를 살아가는 교회가 '지는 자들'이 아니라 '이기는 자들'이 되는 것이다. '짝퉁'이 아니라 '진품'이 되는 것이다. 그럴 때 진품이 누릴 수 있는 최고의 축복인 최후 승리의 기쁨과 감격을 주님과 함께 영원히 누리게 될 것이다.

지상 교회로서 한국 교회는 지금 심각한 정체성의 위기에 직면해 있다. 코로나 바이러스보다 더 무섭게 한국 교회를 위협하는 바벨론과 같은 적들이 있다. 하나는 '사이비 이단의 공격'이다. 이들은 독버섯처럼 무섭게 파고들어와 교회를 무너뜨리고 있다. 우리의 신학적 무관심과 영적 태만이 만들어 놓은 결과이다. 더 늦기 전에 신학적 성찰과 영적인 긴장감을 가지고 믿음의 내용을 철저히 채워야 한다. 그렇지 않으면 우리도 모르는 사이에 우리 모두 짝퉁으로 전락될 수 있다. 교회를 위협하는 또 다른 하나는 무섭게 파고드는 '세속화의 물결'이다. 천박한 자본주의와 탐욕스런 교권주의가 복음의 본질을 파괴하고 교회와 성도들을 무섭게 병들게 하고 있다. 교회가 '예수 그리스도의 복음'의 노예가 되어야 하는데, 그것보다 교회의 제도와 법, 그리고 물

질의 노예가 되어가고 있다. 다시 철저히 예수 그리스도의 복음으로 돌아가야 한다. 그럴 때 '지는 자'가 아니라 '이기는 자'가 될 것이고, '짝퉁'이 아니라 '진품'으로 서게 될 것이며, 새 하늘과 새 땅의 영원한 축복을 누리게 될 것이다.

8부

목회적 적용과
실천 과제

01 철저한 교회관

왜 우리가 교회 공동체 중심의 신앙생활을 해야 하는가? 요한계시록을 묵상하면서 교회의 중요성을 다시금 깨닫게 된다. 요한계시록에 근거한 종말론적 교회관을 확립하는 일이 그 어느 때보다 중요하다. 이미 성찰한 것처럼 요한계시록의 교회론은 땅과 하늘, 지상과 천상의 이원론을 극복한다. '아직' 전투하는 교회로서의 지상 교회는 '이미' 승리한 교회로서의 천상 교회와 긴밀한 영적 관계를 갖는다. 모든 성도는 땅에 속해 있는 지상 교회의 가족이자 동시에 하늘에 속한 천상 교회의 영적 하늘 가족이다.

기본적으로 요한계시록은 단순히 묵시 사상적 차원에서 '종말'을 다루는 책이 아니라, 교회의 본질과 교회의 영적 싸움, 그리고 교회의 최후 승리라는 감동적인 기독교 교회 공동체의 이상적 청사진을 유감없이 계시해 주는 생명의 말씀이다. 요한계시록은 창세기의 원창조가 교회의 완성을 통해서 성취되는 새 창조의 역사를 기록하고 있는 놀라운 말씀의 책이다. 즉 요한계시록이 말하는 '종말'은 교회를 향한 언약의 성취의 사건이고, 교회의 주인되시는 예수 그리스도 안에서 영원한 교회의 완성이 이루어지는 새 하늘과 새 땅이 도래하는 사건이다.

중요한 것은 짝퉁이 아니라 진품 교회가 되도록 노력하는 일이다. 지상 교회를 향한 일곱 메시지에 충실한 진품 교회는 '아가페의 사랑'이 살아있는 교회, '고난 속에서도 작동하는 믿음'이 살아있는 교회, '끝까지 배반하지 않는 말씀'이 살아있는 교회, '주님을 향한 진실한 참회'가 살아있는 교회, 그리고 '부활의 능력으로 날마다 승리'하는 교회이다.

지상 교회에서의 성도들의 신앙생활은 단순히 일시적 교회 생활로 끝나는 것이 아니다. 주님이 주신 지상 교회를 향한 일곱 메시지를 가슴에 품고 교회다움을 회복하며 나아간다면, 교회의 머리가 되시는 주님과 함께 성도들의 교회 생활은 영원히 지속될 것이다. 전투하는 교회로서의 지상 교회 성도들은 어떤 고난과 역경과 핍박 속에서도 결코 좌절하거나 낙심하지 말고 의의 최후 승리를 확신하며 치열한 영적 전쟁에 담대히 나아가야 한다. 그럴 때 새 하늘과 새 땅의 하나님 나라의 완성, 즉 지상 교회와 천상 교회의 영원한 완성의 자리에 기쁨으로 참여하게 될 것이다.

02 희망적 종말관

불확실한 미래 앞에서 우리는 늘 불안과 두려움과 근심과 걱정과 염려로 살아가고 있다. 그러나 요한계시록의 종말의 의미를 제대로 이해하면, 우리는 그 어떤 불확실한 미래나 고난과 환난과 역경 속에서도 절대로 '절망'하지 않을 수 있다. '끝 안에 시작이 있다'고 말한 몰트만의 말처럼, 요한계시록이 계시하는 종말은 끝이 아니라 새로운 시작이기 때문이다. 주님의 십자가의 죽음과 부활은 그 사실을 우리에게 선명하게 계시해 주었다. 이미 고찰했듯이, 하나님 안에서 종말은 단순한 심판과 파멸과 멸망이 아니다. 그것은 하나님의 새 창조의 사건이고, 새 하늘과 새 땅이 도래하는 사건이며, 지상 교회와 천상 교회가 완전히 그리고 영원히 합일되는 창조의 완성의 사건이다.

종말의 시간은 '이미' 선취된 하나님의 미래가 우리에게 찾아오고, 다가오고, 도래하는 시간이다. 미래는 두려움의 시간이 아니라 가슴 벅찬 설레임과 희망의 시간이다. 창세기 22장에서 아브라함이 경험했던 '여호와 이레'의 하나님을 경험하는 시간이다. 종말은 창조의 시간이 '시간의 종말'을 고하고, '영원한 시간'이 시작되는 시간이다. 그러므로 하나님 앞에서 가장 큰 죄는 바로 '절망'이다. 그것보다 더 큰 신성 모독은 없다. 종말론적 믿음이란 무엇인가? 그것은 바로 숨을 쉬는 한 매 순간 희망하며 사는 삶이다. 바로 이것이 요한계시록이 말하는 '희망적 종말관'이다.

03 선명한 인생관

우리는 어디서 와서 무엇을 위해 살다가 어디로 가는 존재인가? 많은 사람들이 인생에 관한 물음들을 던져왔다. 그러나 그 어떤 사람도 자명하게 인생을 정의해 주지 못했다. 요한계시록은 자명하게 우리네 인생을 정의해 준다. "우리는 모두 하나님께로부터 와서, 하나님을 위해 살다가, 하나님께로 돌아가는 존재이다." 긴 인생의 영적 순례를 지나고서야 우리는 모두 영원한 본향, 새 하늘과 새 땅에 이르게 된다. 청교도의 인생관처럼 우리는 이 지상에서 나그네(Wayfarer)로 살면서, 동시에 치열한 영적 전사(Wayfarer)로 살아간다.

죽음이 끝이 아니다. 이 땅에서 우리가 영적으로 진품 신앙인, 즉 영적 전쟁에서 '지는 자'가 아니라 '이기는 자'로 살면, '둘째 사망'을 경험하지 않는 축복을 누리게 된다. 죽어도 죽지 않는 삶을 살게 된다. 주님 오시는 날, 산 자는 산채로 주님께 올라가고 죽은 자는 성도의 부활로 주님께로 나아간다. 주님께서 "나는 부활이요 생명이니 나를 믿는 자는 죽어도 살겠고 무릇 살아서 나를 믿는 자는 영원히 죽지 아니하리니"(요 11:25,26)라고 말씀하셨는데, 이 부활의 생명을 누리는 '부활인'의 삶을 살게 된다. 인생의 최고의 행복과 성공은 바로 이 '부활인의 축복'의 반열에 오르는 것이다. 그것을 위해서는 순교도 영광임을 알고, 순교의 자리에까지도 감사함으로 나아갈 수 있는 영성이 있어야 한다.

04 분명한 내세관

이 땅에서의 우리네 인생은 시작이 있으니 끝(terminal)이 있을 것이다. 그러나 끝난 것이 끝난 것이 아니다. 죽음 이후 사후 세계에서 무슨 일이 일어나는가? 요한계시록은 우리에게 분명한 내세관을 계시해 주고 있다. 알곡과 쭉쩡이, 양과 염소가 갈라진다. 죽음의 순간, 신자들은 낙원으로 나아가게 된다. 그리고 주님께서 재림하실 때 죽은 신자들은 생명의 부활로 주님과 함께 왕노릇하며 영원한 부활인으로 '새 하늘과 새 땅'에서 교회의 완성, 곧 창조의 완성을 맛보는 영원한 삶으로 나아게 된다.

그러나 불신자들은 죽음의 순간, 음부로 내려가게 된다. 그리고 주님께서 재림하실 때에, 심판과 사망의 부활로 나아가게 된다. 영원히 타는 불못에 던져지게 된다. 이것이 그들이 맞이하는 둘째 사망이다. 은퇴 이후의 준비도 중요하지만, 그것보다 더 중요한 것은 사후 대책이다.

언제부터인가 복음이 '내세'를 이야기하지 않고 있다. 현세의 성공과 행복만을 이야기한다. 복음이 본래의 자신의 자리를 잃어버린 것이다. 그래서 복음의 영향력도 상실하게 되었다. 지금이라도 요한계시록을 통해서 분명한 종말론적 내세관을 갖도록 노력해야 한다.

05 절박한 선교관

왜 복음을 전해야 하는가? 요한계시록의 교회론을 성찰하면, 우리가 왜 절박한 심정으로 복음을 전해야 하는지 그 이유를 알게 된다. 요한계시록의 '종말론적 교회론'은 곧 '선교적 교회론'을 의미한다. 이 지상의 삶에 있어서 가장 가치있고 소중한 것은 바로 '복음'을 전하는 일이다. 복음을 전하는 일은 곧 행복한 삶과 행복한 종말을 맞이하게 하는 행복 운동이자 생명 운동이다. 그래서 존 웨슬리는 "영적인 예배"란 설교에서 다음과 같이 선포하였다. "기독교는 행복이다. 성서적 구원은 그리스도 안에서 참되고 영원한 행복을 얻는 것이다."[70] 또한 "사랑에 관하여"란 설교에서 이렇게 선포하였다. "세상에서 그리스도인이면서 불행하다는 것은 불가능하다. 왜냐하면 기독교는 행복이기 때문이다. 기독

---

70 존 웨슬리/김진두 역저, 『웨슬리의 행복론』(서울: KMC, 2020), 14.

교와 행복은 어떤 경우에도 본질적으로 분리될 수 없다."[71] '거룩이 행복'인 것이다(Holiness is Happiness).

복음의 능력 안에서 '타락인(죄인)'을 '중생인'으로 만들어 거룩한 성화의 길을 걷게 하고, 영원히 죽지 않는 '부활인'의 삶을 살게 하는 것이 지상 교회가 감당해야 하는 최고의 사명이다. 역사적 종말, 우주적 종말을 맞이하기 이전에 우리는 모두 매 순간 개인적 종말(인격적 종말/실존적 종말)의 시간을 맞이한다. 오늘 밤 우리의 생명을 다시 찾으시면 모든 것을 내려놓고 우리의 인생의 터미널을 맞이해야 한다. 어떤 종말을 맞이하고 있는가? 늦기 전에 절박한 심정으로 소중한 이들에게 복음을 전해야 한다. 종말론적 선교관이 절실히 필요한 이유가 여기에 있다.

71　Ibid., 14.

06 진품 감별력

언제나 진품보다 짝퉁이 요란하고 화려하다. 그래서 수많은 사이비 이단 짝퉁들이 화려하게 왜곡된 요한계시록의 말씀을 가지고 성도들을 위협하고 미혹하고 있다. 화폐전문가 배원준 씨의 말처럼 진품을 정확히 알면, 짝퉁은 보지 않아도 알게 된다. 화폐전문가들은 위조지폐를 감별하기 위해서 날마다 진짜 지폐를 들어다 보고 연구하고 또 연구한다. 진짜를 정확히 알아야 가짜를 구별할 수 있다. 요한계시록은 해석하기 참 난해한 말씀의 책이다. 그래서 수많은 사이비 이단 단체들이 왜곡된 종말 사상을 앞세워, 요한계시록을 자신의 교본으로 사용하면서 수많은 성도들을 미혹해 왔다.

누구도 계시의 말씀을 정확히 해석할 수는 없을 것이다. 그러나 진품을 바로 알기 위해서 하나님이 우리에게 주시는 지혜의

범주 안에서 요한계시록의 말씀을 이해하고자 끊임없이 노력할 필요가 있다. 그동안은 묵시 묵학적 차원에서 요한계시록을 많이 해석해 왔다. 그러나 이미 성찰했던 것처럼, 요한계시록은 교회론적 관점에서 해석할 때 그 의미가 보다 명확하게 드러난다. 요한계시록의 말씀의 구조는 교회론적이다. 지상 교회를 향한 메시지(1-3장), 천상 교회의 하늘보좌(4-5장), 세 가지 심판과 교회의 영적 전쟁(6-16장), 바벨론의 멸망과 천상 교회의 승리 찬양(17-19), 그리고 천년 왕국과 교회의 완성(20-22장)이다. 진품을 소중히 여기며 날마다 묵상하고 또 연구함으로써 짝퉁의 미혹으로부터 자유로워질 수 있도록 노력해야 할 영적 책무가 우리 모두에게 있다.

참고문헌

참고문헌

Bauckham, Richard. "*The List of the Tribes in Revelation 7 Again*." (Journal for the Study of the New Testament, 42 1991).

Bauckham, Richard. *The Theology of the Book of Revelation*, Cambridge: CPU, 1993.

Berkhof, Louis. *Systematic Theology*. Grand Rapids: WM. B. Eerdmans Publishing Co., 1981.

Beale, G. K. *The Book of Revelation*. NIGTC. Grand Rapids: Eerdmans, 1999.

Beckwith, Isbon T. *The Apocalypse of John: Studies in Introduction with a Critical and Exegetical Commentary*. New York: Macmillan Company, 1919.

Boring, M. E. *Revelation. Interpretation, a Bible Commentary for Teaching and Preaching*. Louisville: John Knox Press, 1989.

Fiorenza, E. S. *Revelation: Vision of A Just World*. Minneapolis: Fortress, 1991.

Fisher, Abraham B., *The Church as Symbolic Mediation: Revelation Ecclesiology in the Theology of Avery Dulles, S.J.* (Diss, Marquette University, 2009)

Foster, Richard J. *Prayer: Finding the heart's true home*. San Franciso: Harper San Francisco, c1992.

Frame, John M. "*Ecclesiology: The Events of the Last Days*." (Foundations of Systematic Theology, ST408. 2019)

Freedman, David Noel. Gavid Noel, Gary A. Herion, David F. Graf, John David Pleins, and Astrid B. Beck, eds. *The Anchor Yale Bible Dictionary*. New York: Doubleday, 1992.

Hwang, Dae-Woo. *Het Mystieke Lichaam van Christus: De ecclesiologie van Martin Bucer en Johannes Calvin.*"(Diss. Apeldoom in the Netherlands, 2002).

Kiddle, Martin. *The Revelation of St. John, The Moffat New Testament Commentary*. New York: Harper and Brothers, 1940.

Mueller, Ekkehardt. "*Introduction to the Ecclesiology of the Book of Revelation.*" (Journal the Adventist Theological Society, 12/2 Autumn 2001).

Müller, Ekkehardt. "*Microstructural Analysis of Revelation 4-11.*" (Andrew University Seminary Doctoral Dissertation Series, 21 1996).

Muller, Jr. D. G. *Testing the Apocalypse: The History of the Book of Revelation*. Bloomingtion: WestBow Press, 2015.

Müller, Ulrich B. "*Die Offenbarung des Johannes.*" (Ökumenischer Taschenbuchkommentar, 19 1984).

Reynolds, Edwin. "*The True and the False in the Ecclesiology of Revelation.*" (Journal the Adventist Theological Society, 17/2 Autumn 2006).

Roloff, J. *A Continental Commentary: The Revelation of John*. Minneapolis, MN: Fortress Press, 1993.

Sailer, William S. "*Francis Bacon Among the Theologians: Aspects of Dispensational Hermeneutics.*" (Evangelical Journal, 6 1988).

Strand, Kenneth. "*The Spotlight-On-Last-Events's Sections in the Book of Revelation.*" (AUSS, 27 1989).

Thomas, Robert L. *Revelation 8-22: An Exegetical Commentary*, Chicago: Moody Publishers, 1995.

Youngbog, Kim. "*Christ and the Christian Church : A Study of Friedrich Schleiermacher's Ecclesiology in Relation to Christology*," Dissertation, Claremont Graduate University, 2002.

김영복, 『창조의 아름다움: 신학적 상상력으로 기독교 경전 읽기』, 용인: 킹덤북스,

2021.

김영복, 『예수의 행복론: 행복에 이르는 길』, 용인: 킹덤북스, 2015.

김시열, 한성천, 『옥스포드 원어성경대전』, 서울: 제자원, 2006.

김철손, 『요한계시록』, 서울: 대한기독교서회, 2011.

김추성, 『요한계시록 1-9장』, 용인: 킹덤북스, 2018.

그루뎀, 웨인, 『성경핵심교리』, 박재은 옮김, 서울: 도서출판 솔로몬, 2018.

루이스, C.S. 『고통의 문제』, 이종태 옮김. 서울: 홍성사, 2009.

루터, 마르틴, 『종교개혁 3대 논문』, 지원용 옮김. 서울: 컨콜디아사, 1994.

루터, 마르틴, 『루터 선집』, 존 딜렌버거 편집, 이형기 옮김. 파주: CH북스, 2020.

류영모 외 지음, 『공적 복음과 공공 신학』, 용인: 킹덤북스, 2021.

몰트만, 위르겐, 『창조 안에 계신 하느님』, 서울: 한국신학연구소, 2002.

몰트만, 위르겐, 『오시는 하나님: 기독교적 종말론』, 서울: 대한기독교서회, 1997.

바르트, 칼, 『칼 바르트 개신교 신학 입문』, 신준호 옮김. 서울: 복있는 사람, 2014.

바르트, 칼, 『기도(Das Vaterunser)』, 오성현 옮김. 서울: 복있는 사람, 2017.

바르트, 칼, 『교의학 개요』, 신준호 옮김. 서울: 복있는 사람, 2022.

박윤선, 『요한계시록』, 서울: 영음사, 1981.

보그, 마커스, 『기독교의 심장』, 김준우 옮김. 고양: 기독교연구소, 2009.

송광현, 『교회론 관점으로 보는 요한계시록』, 남양주: 체데크 선교목회연구원, 2017.

선한용, 『시간과 영원: 성 어거스틴에 있어서』, 서울: 성광문화사, 1986.

세계평화통일가정연합, 『원리강론』, 서울: 성화출판사, 2014.

이만희, 『천국의 비밀: 계시록의 진상』, 서울: 도서출판 신천지, 1985.

이필찬, 『요한계시록 어떻게 읽을 것인가』, 서울: 한국성서유니온선교회, 2000.

임진수, 『요한계시록』, 서울: 도서출판 솔로몬, 2014.

유기성, 『예수 소망』 서울: 두란노, 2019.

웰리엄즈, 콜린, 『존 웨슬리 신학』 서울: 전망사, 1990.

정성욱, 『밝고 행복한 종말론』 남양주: 큐리오스, 2016.

포스터, 리처드, 『기도』 송준인 옮김. 서울: 두란노, 1995.